나는 포기를 모른다

인생을 바꾸는 7가지 무기

나는
포기를
모른다

ARNOLD SCHWARZENEGGER

아놀드 슈워제네거 지음 — 정지현 옮김

현대
지성

목차

들어가며

✦

포기하지 않는 한 결코 끝이 아니다

2011년, 주지사 임기가 끝나고 몇 달이 지나지 않아 나의 세상
은 무너졌다.

사실 상황이 좋지 않게 된 지는 이미 몇 해가 지난 상태였다.
2006년에 57퍼센트의 압도적인 득표율로 주지사 재선에 성공
하고, 전 세계에 영향을 준 환경 정책 법안을 통과시켰으며, 캘
리포니아주 역사상 최대 규모의 인프라 투자를 이끌어냈다. 이
투자는 내가 죽고 한참이 지나서까지 캘리포니아의 운전자들과
학생들, 농부들에게 도움이 될 것이다. 하지만 임기 마지막 2년
반 동안 세계 금융위기가 절정에 달하면서, 마치 벽돌 가득한
빨래 건조기 안에 구겨 넣어진 기분이었다. 사방에서 날아오는

주먹에 쉬지 않고 두들겨 맞는 것 같았다.

2008년 세계 금융위기는 이렇게 시작되었다. 어느 날 사람들이 하나둘 집을 잃기 시작하더니, 갑자기 대공황 이후 가장 심각한 경기 침체가 진행되었다. 탐욕스러운 은행가들이 세계의 금융 시스템을 망가뜨린 탓이었다. 만약을 대비한 자금을 마련할 수 있을 정도로 전례 없는 예산 흑자를 기록하고 자축하던 캘리포니아주였지만, 난데없이 200억 달러가 부족해져 파산 직전까지 갔다. 캘리포니아주의 예산이 월스트리트와 긴밀하게 연결된 탓이었다.

캘리포니아를 벼랑 끝에서 구하기 위해 주의회의 양당 지도자들과 늦은 밤까지 한방에 갇혀 씨름하는 나날이 계속되었다. 그쯤 되면 그냥 아예 동거하는 느낌이 들 정도였다. 하지만 사람들은 그런 노력에는 관심이 없었다. 그들에게 중요한 것은 복지 혜택은 줄고 세금은 오른다는 것뿐이었다.

당연히 주지사가 세계 금융위기를 통제할 수는 없다. 하지만 경기가 좋을 때 주지사는 별로 한 일이 없어도 공로를 인정받으니, 경기가 나쁠 때 원망을 듣는 것도 어쩌면 공평한 일이다. 기분이 별로라서 그렇지.

오해는 하지 말길. 내가 실제로 이뤄낸 성과들도 있었다. 정당들이 주민들의 이익보다 정당의 이익을 우선시하여 정치인들을 아무것도 하지 못하는 패배자로 만들어버린 제도를 폐지했다. 우리의 환경 보호 노력을 가로막으려는 석유 회사들을 때려눕히고, 한 걸음 더 나아가 주 전체를 태양열 에너지를 비롯한 재생 에너지로 뒤덮고 청정 기술 분야에서 세계를 선도하기 위한 획기적인 투자를 이끌어냈다.

하지만 내가 2000년대 말에 깨달은 사실은, 주 정부가 아무리 혁신적이고 최첨단의 정책을 통과시켜도 소용없다는 것이었다. 유권자들이 왜 자기 집을 지켜주지 못하느냐고 따지고, 부모들이 왜 아이들의 학교 예산을 삭감하느냐고 물으며, 근로자들이 왜 자기가 정리해고를 당해야 하느냐고 항의할 때마다 주지사로서 완전히 실패한 것 같은 기분이었다.

물론 내가 대중 앞에서 경험한 실패는 이뿐만이 아니었다. 보디빌더로 활동할 때 엄청난 패배를 맛보기도 했고, 출연한 영화가 쫄딱 망하기도 했다. 내 지지율이 눈앞에서 다우존스지수가 폭락할 때처럼 곤두박질치는 모습을 보는 게 처음은 아니었다.

하지만 그때조차도 인생의 가장 밑바닥은 아직 오지 않은 거였다.

내 세상을 무너뜨린 건 경기 침체가 아니었다.

내가 저지른 일 때문이었다.

내가 우리 가족에게 폭탄을 떨어뜨린 것이다. 그보다 더한 실패가 어디 있겠는가.

여기에서 군이 그 이야기를 반복하지 않겠다. 내 입으로 직접 다른 곳에서 언급했고, 온갖 매체들도 수없이 떠들어댔으니까. 모르는 사람이 없는 이야기일 것이다. 혹시 모르는 사람이 있다면 구글 검색은 할 수 있을 테니 한번 검색해보기 바란다. 이미 가족들에게 충분한 상처를 주었고, 오랜 시간이 걸려 겨우 관계를 회복했다. 가족들을 다시 입방아에 오르내리게 하는 일은 하지 않을 것이다.

하지만 이 말은 하련다. 그해 말에 이르러 나는 익숙하면서도 낯선 곳에 서 있는 나를 발견했다. 바닥이었다. 완전한 밑바닥은 아니지만 예전에도 와본 적 있는 곳이었다. 하지만 이번에는 깜깜한 구덩이 속에서 진흙탕에 얼굴을 처박고 있었다. 얼굴을 닦고 다시 천천히 구덩이를 기어올라가야 할지, 아니면 그냥 포기해버려야 할지 결정해야만 했다.

그 사건으로 정치계를 떠난 후에 진행하던 영화 프로젝트들이 연기처럼 사라졌다. 내 일대기를 바탕으로 제작한다고 해서 잔뜩 기대를 모았던 만화책 프로젝트도 무산되고 말았다. 언론에서는 끊임없이 나를 공격했다. 보디빌더와 배우, 주지사로 이어진 3막의 인생이 끝장났다고 떠들어댔다. 사람들은 비극으로 끝나는 이야기를 좋아한다. 특히나 잘나가던 사람의 추락이라면 더더욱 그렇다.

하지만 나에 관한 기사를 접한 적 있다면, 내가 결국에는 포기하지 않는 쪽을 택했음을 알 것이다. 사실 나는 다시 위로 기어올라가야만 하는 시련을 즐긴다. 시련이 있어야 성공도 있는 법이고, 시련을 딛고 거둔 성공은 더없이 달콤하기 때문이다.

그렇게 찾아온 내 인생의 새로운 4막은 1막과 2막, 3막이 모두 합쳐진 것이었다. 지금까지 걸어온 인생의 모든 것이 융합되어 내 진가를 만들어냈고, 상상조차 못 했던 새로운 기회들까지 가져다주었다. 전 세계의 야심 찬 이들에게 매일 보내는 피트니스 이메일과 아놀드 스포츠 페스티벌을 통해 보디빌딩과 피트니스 장려 운동을 이어가고 있다.

정치 활동 역시 여전히 지속하고 있다. 미국 전역 40개 도시에서 10만 명의 아동을 대상으로 하는 방과 후 프로그램인 '애프터 스쿨 올 스타즈'After-School All-Stars와, 미국 전역의 정치 개혁을 지원하는 USC 슈워제네거 국내 및 세계 정책 연구소USC Schwarzenegger Institute for State and Global Policy, 전 세계에 환경 정책을 장려하는 슈워제네거 기후 이니셔티브Schwarzenegger Climate Initiative를 통해서 말이다.

연예계 활동은 어떠냐고? 그 활동이 다른 활동들의 자금줄 역할을 하고 있다. 하지만 닥치는 대로 영화를 찍어대는 할리우드에서 벗어나, TV 시리즈로 컴백했다. TV는 나에게 새로운 매체라 즐겁게 적응해 나가고 있다.

내가 지금까지 해온 일들을 계속할 거라는 건 당연한 일이었다. 난 언제나 돌아오니까 I'll Be Back. 하지만 이건 예상하지 못했다. 이 모든 실패와 구원, 변화에 따른 보너스로 내가 자기계발 전문가가 될 줄이야.

갑자기 사람들이 전직 대통령 수준의 강연료를 제안하면서, 직원들과 고객들에게 동기부여 강연을 해달라고 부탁해오기 시작했다. 누군가 내 강연 영상을 찍어 유튜브와 소셜 미디어에 올렸고, 그것이 입소문을 타며 널리 퍼져나갔다. 내 소셜 미디어 채널의 팔로워 수도 급격히 늘어나기 시작했다. 내가 일상의 긴급한 문제에 대한 통찰을 나누거나, 혼란 속에서도 침착함을 잃지 않는 모습을 보여줄 때마다, 내 강연 영상들은 더욱더 주목받았다.

내 조언이 실제로 도움이 되는 것 같았다. 앞으로 이야기하겠지만, 내가 활동 초기에 우상들에 관한 글에서 영감을 얻거나 그들과의 만남에서 큰 도움을 받았던 것처럼 말이다.

이에 본격적으로 해보자는 생각이 들었고, 긍정적인 메시지를 세상에 더 많이 전파하기 시작했다. 그럴수록 헬스장에서 점점 더 많은 이들이 다가와 나 덕분에 힘든 시기를 이겨낼 수 있었다고 고마움을 표했다. 암 투병자부터 실직자, 커리어 변화를 앞둔 사람까지…. 남녀노소, 인종과 종교, 고등학생, 퇴직한 사람, 부유한 사람, 가난한 사람, 성적 지향을 초월한 다양한 이들이 반응했다.

기분이 최고였다. 무엇보다 놀라웠다. 도무지 이해할 수 없는 현상이었기에, 뭔가를 이해하고 싶을 때마다 늘 하던 대로 했다. 잠시 멈춰 상황을 분석한 것이다.

한 걸음 물러나 상황을 살펴보니, 세상에는 부정적이고 비관적이며 자기연민에 빠진 사람들이 너무나 많았다. 전문가들은 인류 역사상 지금처럼 살기 좋은 시대는 없었다고 말하지만, 불행을 느끼는 사람들은 여전히 많았다. 역사적으로 전쟁, 질병, 가난, 억압이 지금처럼 적었던 적은 없다. 이는 자료로 입증된 객관적 사실이다.

하지만 또 다른 지표가 있다. 좀 더 주관적이라 측정하기는 어렵지만, 뉴스나 라디오, 소셜 미디어를 접하다 보면 누구나 알 수 있는 사실, 즉 고립감, 무가치함, 절망을 호소하는 사람이 너무나 많다. 여성들은 자신이 부족하거나 예쁘지 않다고 말하고, 젊은 남성들은 무력함을 토로한다. 자살률과 중독률은 높아만 간다.

특히 코로나19 팬데믹 이후 이런 정서가 사회 전반에 퍼졌다. 전 세계적으로 2020년 이후 우울증과 불안이 25퍼센트나 증가했다. 보스턴대 공중보건 대학원의 연구에 따르면 미국 성인의 우울증이 2018년 대비 2020년 봄에 3배로 급증했다. 팬데믹 이전에는 미국 성인의 75퍼센트가 우울증 증상이 없었지만, 2020년 4월에는 그 수치가 50퍼센트 이하로 떨어졌다. 엄청난 변화다!

그러나 코로나19만이 문제는 아니다. 사람들의 고통을 이용해 거짓을 퍼뜨리고 분노를 부추기며 불만에 기름을 붓는 집단이 있다. 솔직히 말해 기관과 산업 전체가 그렇다. 금전적, 정치적 이익 때문이다. 이들은 사람들을 계속 비참하고 무기력하게 만들어 이득을 취한다. 불행과 무감동에 맞서는 가장 강력한 무기인 쓸모와 자율성이라는 엄청난 도구가 우리에게 있다는 사실을 감추려 한다.

전 세계 수많은 이들이 팟캐스트, 뉴스레터 등으로 몰리는 이유가 바로 여기에 있다. 사회적 상황이 너무 나빠져 신뢰할 만한 누군가를 찾으려는 것이다. 사리사욕을 위해 거짓말하지 않을 사람, 부정적인 세태에도 굴하지 않고 긍정의 힘을 믿는 사람 말이다.

내가 매일 헬스장에서 마주친 사람들이 바로 그런 이들이었다. 그들이 호소하는 감정은 내가 2011년 공직에서 물러나고 인생이 무너졌을 때 느꼈던 것과 똑같았다. 그들에게 조언과 격려를 해주고, 희망의 메시지를 전할 때마다 내가 매우 친숙한 도구들을 활용하고 있음을 알아차렸다.

그것은 내가 60년간 개발하고 인생의 3막에 걸쳐 성공적으로 활용해온 도구들이었다. 10년 전 밑바닥까지 추락했을 때, 암흑에서 기어 나오기로 결심하고 불러냈던 것들이기도 했다. 사실이 도구들은 혁명적이진 않지만 시간의 구애를 받지 않는다. 언제나 효과가 있었고 앞으로도 그럴 것이다. 나는 이것들이 행복하고 성공적이며 쓸모 있는 삶의 청사진 또는 로드맵이라 생각한다.

여기에는 자신이 어디로 가고 싶은지, 어떻게 갈 것인지를 아는 것, 그 목표를 위해 기꺼이 노력하려는 의지, 내가 선택한 길의 가치를 타인에게 알리는 것 등이 포함된다. 장애물을 만났을 때 방향을 트는 것, 열린 마음으로 주위에서 배움을 얻어 새 길을 찾아가는 능력도 필요하다. 그리고 가장 중요한 것은 자신이 원하는 곳에 이르렀을 때 거기에 오기까지 많은 도움을 받았다는 사실을 인정하고 그만큼 사회에 돌려주는 것이다.

이 책의 제목이기도 한 "Be Useful"은 아버지가 내게 해준 최고의 조언이다. 처음부터 강렬하게 와닿아 늘 가슴속에 간직해 왔던 말이다. 이 책에 담긴 나의 조언도 독자들에게 그렇게 되길 바란다. 내가 어떤 결정을 내릴 때마다 원동력이 된 것이 '쓸모'였고, 그 결정에 사용한 도구를 정리해준 것도 쓸모였다. 보디빌딩 챔피언, 백만장자, 정치인이 되는 것 모두 내 목표였지만, 그렇게 되기 위한 진짜 동기는 쓸모 있는 사람이 되는 것이었다.

오랫동안 아버지는 내가 생각하는 '쓸모'의 의미에 동의하지 않으셨다. 어쩌면 당신이 생각하는 쓸모의 의미도 나와 다를 수 있다. 하지만 좋은 조언의 목적은 정답을 주는 게 아니다. 무엇을 만들어야 하는지 알려주는 게 아니라, 만드는 법과 이유를 알려주는 것이 진정한 조언이다.

아버지는 내가 지금처럼 세상이 무너졌다고 느끼던 나이에 세상을 떠나셨다. 그래서 그때 내가 앞으로 어떻게 살아야 할지 여쭤볼 수 없었다. 하지만 아버지라면 분명 이렇게 말씀하셨을 것이다.

"쓸모 있는 사람이 되어라, 아놀드."

아버지의 가르침을 기리고 세상에 널리 전하고자 이 책을 썼다. 아버지보다 더 오래 살 수 있게 된 것에 감사하는 마음으로 썼다. 그 시간들은 바닥에서 다시 일어나 인생 4막을 써내려가기 위해 분투한 나날들이었다.

내가 삶의 모든 단계에서 활용해온 이 도구들이 다른 이들에게도 유용할 것이고, 원하는 삶으로 가는 믿음직한 나침반이 모두에게 필요할 거라는 생각에서 책을 썼다.

하지만 가장 큰 이유는 이것이다. 사람이라면 누구나 쓸모가 있어야 하니까.

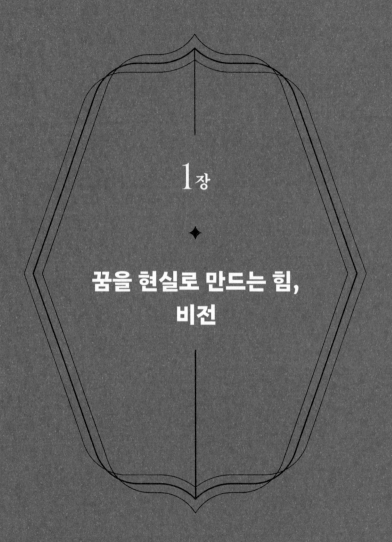

1장

꿈을 현실로 만드는 힘,
비전

Be Useful

너무도 많은 사람이 인생의 길을 잃었다.

분명한 목적지 없이 살아가는 이들이 너무나 많다. 그들은 건강하지도, 행복하지도 않다. 전체의 70퍼센트는 자기 일을 싫어하고 인간관계에서도 만족을 느끼지 못한다. 웃음기 없는 얼굴, 생기 없는 삶. 에너지도 없고 자기 자신을 쓸모없다고 느낀다. 어디로 이어지는지도 모르는 길로 떠밀린 것처럼 무력감만 가득하다.

주위를 둘러보면 이런 사람들을 어디서나 볼 수 있다. 어쩌면 당신 자신도 그럴지 모른다. 걱정 마라. 당신은 고장 난 것이 아니다. 다만 인생의 비전이 아직 명확하지 않을 뿐이다. 뚜렷한 목표 없이, 그저 막연한 상상만으로 살다 보니 그런 것이다.

이 문제는 바로잡을 수 있다. 세상의 모든 위대한 변화는 선명한 비전에서 시작되니까. 비전은 무엇보다 중요하다. 그것은 우리에게 목적과 의미를 부여한다. 분명한 비전이 있다면, 어떤 삶을 살고 싶은지 자세히 그려볼 수 있고 구체적인 계획을 세울 수도 있다.

비전과 계획이 없으면 방황하기 마련이다. 거울 속 자신을 보며 "내가 어쩌다 이렇게 되었지?"라고 자문하면서도, 지금에 이르기까지 어떤 선택과 행동을 해왔는지 감을 잡지 못한다. "내 인생이 마음에 들지 않아. 내가 이런 삶을 선택했을 리 없어!"라며 애써 책임을 회피하기도 한다.

선택권이 없었다고 변명하지 마라

하지만 아무도 당신에게 그 사람과 결혼하라고, 치즈버거를 계속 먹으라고 강요하지 않았다. 미래가 보이지 않는 그 일을 선택하라고 떠밀지 않았다. 수업을 빼먹거나 운동을 그만두거나 교회 나가는 것을 막은 사람도 없다. 8시간 푹 자는 대신 매일 밤늦게까지 게임이나 드라마 시청을 하라고 충동질한 사람도 없다. 끝까지 맥주를 마신 것도, 가진 돈을 모두 탕진한 것도 온전히 당신의 선택이었다.

그런데도 당신은 그 책임을 심각하게 받아들이지 않는다. 지금의 모습이 그저 어쩌다 보니 우연히 그렇게 됐다고 굳게 믿는다. 여기에 이르기까지 선택의 여지가 없었다고 말이다.

솔직히 말하면, 그 말도 어느 정도 일리는 있다.

자신이 태어날 환경을 선택할 수는 없으니까. 나 역시 냉전 초기 오스트리아의 작은 마을에서 자랐다. 사랑이 넘치는 어머니, 엄격하고 매질도 서슴지 않던 아버지. 하지만 난 그런 아버지도 깊이 사랑했다. 좀 복잡한 이야기다. 아마 당신의 이야기도 단순하진 않을 거다. 남들이 아는 것보다 훨씬 힘겨운 어린 시절을 보냈을지도 모른다.

우린 과거를 되돌릴 순 없다. 하지만 앞으로 어디로 향할지는 우리가 결정할 수 있다. 좋은 일이든 나쁜 일이든, 지금껏 겪은 모든 일에는 이유와 배경이 있다. 그러나 선택권이 없었다는 변명은 통하지 않는다. 우리에겐 언제나 선택의 여지가 있었다. 다만 그 선택지를 우리 스스로 만들어내지 않는다면, 비교하고 판단할 대상조차 시야에서 사라진다.

그래서 명료한 비전이 필요하다. 확실한 비전은 어떤 결정이 옳고 그른지를 가려준다. 원하는 삶에 다가가게 하는지, 멀어지게 하는지가 기준이 된다. 지금 내가 하려는 일이 꿈꾸는 미래를 더 선명하게 그려줄까, 흐릿하게 만들까?

행복하고 성공적인 사람들은 목표에서 벗어나게 하는 나쁜 선택들을 철저히 피한다. 그 대신 비전을 구체화하고 한 걸음 더 다가서게 하는 일에 집중한다. 사소한 일상사부터 인생의 갈림길까지, 그들의 선택 원칙은 한결같다.

그들과 우리의 차이는 단 하나다. 원하는 미래가 뚜렷한지, 거기로 가는 치밀한 계획이 있는지 그리고 그 실현이 오로지 자신의 선택에 달려 있음을 확실히 인정하는지.

그렇다면 어떻게 해야 할까? 어떻게 선명한 비전을 만들어낼 수 있을까? 내가 보기엔 두 가지 방식이 있다. 작은 것부터 쌓아 올려 점차 크고 또렷한 그림을 완성해가거나, 애초에 거대한 비전을 세워놓고 마치 카메라 렌즈를 조절하듯 점점 초점을 맞춰가는 것이다. 나는 후자였다.

크게 바라보고 깊이 파고들어라

내 인생의 첫 비전은 대단히 광범위했다. 그냥 '미국'이었다. 열 살 무렵, 고향 마을의 동쪽에 있는 대도시 그라츠Graz의 학교에 입학한 지 얼마 되지 않았던 때였다. 내 눈에 들어오는 것은 모두 환상의 나라 미국뿐이었다. 학교 수업, 잡지 표지, 영화관에서 시작 전 나오는 뉴스까지….

금문교, 6차선 고속도로를 질주하는 캐딜락, 할리우드 영화, 뉴욕 토크쇼의 로큰롤 스타들. 오스트리아 최고층 빌딩을 헛간처럼 보이게 만드는 크라이슬러 빌딩과 엠파이어 스테이트. 야자수 늘어선 거리와 머슬 비치의 아름다운 여인들.

웅장한 사운드 속에 펼쳐지는 거대하고 눈부신 나라, 미국. 감수성 예민한 어린 시절의 내게 미국은 꿈을 위한 강력한 흥분제였다. 하지만 부작용도 만만치 않아서 그 흥분감은 오래도록 가시질 않았다.

확신이 들었다. 내가 있어야 할 곳은 바로 저기야.

그런데 미국에서 뭘 하고 살지? 알 리가 있나. 너무 막연하고 모호했다. 이미지 자체가 흐릿했다. 고작 열 살짜리가 뭘 알겠는가?

후에 알게 되었지만, 강력한 비전은 종종 이렇게 시작된다. 어린 시절 막연한 동경에서, 외부 영향에 물들기 전 순수한 마음에서 비롯되는 것이다. 세계적인 슈퍼 개럿 맥나마라는 현재의 삶이 만족스럽지 않을 때 "세 살 때로 돌아가 그때 좋아했던 것을 떠올려보라"고 조언한다. 그것을 업으로 삼는 방법을 찾고 로드맵을 그려 따라가라는 것이다. 그는 비전을 만드는 과정을 설명하고 있다. 쉽진 않아도 단순하다. 시간을 거슬러 올라가 예전에 좋아했던 일을 생각해보면 되니까. 주의 깊게 들여다보면 그 열정이 첫 번째 비전의 단초가 되어준다.

타이거 우즈는 겨우 두 살 때 《마이크 더글러스 쇼》에 출연해 경이로운 퍼팅 실력을 과시했다. 윌리엄스 자매도 어릴 적 아버지의 권유로 테니스를 시작했다. 다섯 남매 모두 재능이 있었지만, 테니스에 열정과 집착을 보인 건 비너스와 세레나뿐이었다. 테니스는 그들의 성장과 자아의식을 이루는 근간이 되었다.

스티븐 스필버그 역시 어린 시절 영화보다 TV에 심취해 있었다. 어느 해 아버지가 온 가족이 함께 떠나는 로드트립을 촬영하기 위해 8미리미터 캠코더를 사들인 후로 그는 카메라를 갖고 놀기 시작했다. 미국을 동경하던 내 나이에 스필버그는 영화에 대한 자신만의 열정을 발견한 것이다. 그는 열두 살에 첫 영화를 만들었다. 열세 살엔 보이스카우트의 '촬영' 배지를 얻기 위해 영화를 찍었다. 뉴저지에서 정반대편인 애리조나로 이사 온 직후였는데, 영화 촬영은 그에게 삶의 첫 번째 방향을 제시해주었다.

그의 비전은 할리우드 진출이 아니었다. 아카데미 작품상이나 감독상, 돈과 명예, 유명 배우와의 작업 같은 야망은 한참 뒤의 일이었다. 처음엔 그저 '영화를 만드는 것'이 전부였다. 우즈의 골프, 윌리엄스 자매의 테니스, 나에게는 미국처럼, 거대하고 광범위한 비전이 먼저 왔다.

이는 무척 자연스러운 일이다. 대다수에게 꼭 필요한 과정이기도 하다. 너무 이른 구체화는 복잡함과 조급함만 낳는다. 중요한 단계를 놓치기 십상이다. 처음엔 큰 그림을 그리되, 어디에서 어떻게 초점을 맞출지는 천천히 찾아가는 게 좋다.

그렇다고 해서 비전 자체가 작아지는 건 아니다. 구체성이 더해질 뿐이다. 이미지는 점점 또렷해진다. 여행 계획을 세울 때 세계 지도를 클로즈업하는 것과 비슷하다. 대륙, 국가, 주, 도시, 동네, 거리에 이르기까지 차례차례 하나하나 더 깊이 더 구체적으로 들어가는 것이다.

단순한 관광객이라면 이곳저곳 옮겨 다녀도 무방하다. 세세한 관찰은 필요치 않다. 그러나 그곳에 대해 깊이 알고 싶고, 충분히 음미하고 싶고, 언젠가 그곳에 머물길 원한다면 이야기가 달라진다. 거리를 누비고 주민과 대화하며 구석구석 탐색해야 한다. 그곳 문화를 익히고 새로운 체험에 몸을 맡겨야 한다. 바로 그 순간, 당신의 여행 계획, 즉 비전 실현을 위한 설계도가 구체화되기 시작한다.

내 경우 미래상이 선명해지면서 보디빌딩을 중심으로 계획이 구체화되었다. 10대 시절, 조 웨이더가 창간한 보디빌딩 잡지 표지에 실린, 미스터 유니버스 레그 파크Reg Park를 보게 되었다. 그해 여름, 레그가 헤라클레스로 출연한 영화《헤라클레스와 포로들》Hercules and the Captive Women도 봤다. 기사에 따르면 그는 영국의 가난한 노동자 출신으로, 보디빌딩을 통해 미스터 유니버스가 되고 배우로 변신했다. 순간 깨달았다. 내 미국행 티켓이 여기에 있음을.

당신의 길은 다를 것이고 목적지도 다를 것이다. 직업을 바꾸거나 이사를 해야 할 수도 있다. 취미를 업으로 삼거나 평생의 소명으로 여길 대의가 있을지도 모른다. 정답은 없다. 중요한 건 비전과 방향성을 명확히 하는 것이다.

그러나 거대한 비전을 품은 이들조차 이 부분에서는 어려움을 겪는다. 헬스장을 가보면 종종 탁구공처럼 이 기구에서 저 기구로 떠도는 사람들이 있다. 제대로 된 운동 계획이 없다는 게 단번에 보인다. 나는 그들에게 다가가 대화를 나눈다. 늘 같은 방향으로 흘러간다.

"헬스장에 오는 목표가 뭔가요?" 내가 묻는다.

"몸을 만들려고요." 대부분 이렇게 답한다.

"훌륭한 목표네요. 그런데 왜 몸을 만드시는 겁니까?"

아주 중요한 질문이다. '몸'을 만드는 방법은 저마다 다르기 때문이다. 보디빌더의 몸은 암벽 등반가에게, 마라토너의 몸은 레슬링 선수에게 도움이 되지 않는다. 많은 근육은 암벽 위에서는 오히려 거추장스럽고, 장거리 달리기 선수의 근육은 레슬링 용도로는 사용할 수 없다.

사람들은 당황해 말문이 막힌다. 내가 듣고 싶어 할 것 같은 답을 더듬거리며 얘기하다 결국 솔직해진다.

"의사가 고혈압 때문에 살을 9킬로그램 빼라고 해서요."

"해변에서 멋진 몸매를 뽐내고 싶어서요."

"어린아이들 뒤치다꺼리를 하려면 체력이 필요해서요."

모두 좋은 대답이다. 이제 도와주기가 한결 쉽다. 비전에 초점을 맞추면 구체적인 방향이 잡히고, 목표 달성에 가장 효과적인 운동에 매진할 수 있다. 이처럼 보디빌딩에도 클로즈업이 관건이다. 이루고 싶은 목표는 물론, 체육관에서 밟아야 할 단계들도 하나하나 다르다.

1968년 가을, 조 웨이더의 지원으로 21살에 미국에 건너와 베니스 비치Venice Beach의 골드 짐Gold's Gym에서 운동할 때, 나는 이미 미스터 유니버스를 비롯해 프로 데뷔 후 여러 타이틀을 거머쥔 상태였다. 그 타이틀들은 내가 목표를 향해 내디딘 발걸음이었고, 덕분에 조의 눈에 띄어 미국에 올 수 있었다.

하지만 그것이 끝이 아니었다. 조가 나를 지원한 건 내가 챔피언이어서가 아니라 그 이상의 재목이라 믿었기 때문이다. 나는 보디빌더의 평균 연령에 비해 아직 어린 편이었고, 위대함에 이르고자 하는 열망이 무척 뜨거웠다. 조는 내 안의 굶주림을 알아봤고, 내가 세계 최고, 아니 역사상 최고의 보디빌더가 될 수 있다고 확신했다. 그는 내가 정상에 오르는 법을 터득하도록, 비전에 초점을 맞추는 과정을 도와줄 터였다.

미스터 유니버스가 되어 미국에 왔지만, 내 여정은 이제 막 시작이었다.

생각을 위한 시간과 공간을 만들어라

물론 모두가 나처럼 열다섯 살에 인생의 목표를 찾아낼 수는 없다. 나는 운이 좋았다. 시골 마을에서 태어나 수도도 없고 화장실도 밖에 있는 집에서 자랐지만, 하릴없이 공상에 잠기고 상상의 나래를 마음껏 펼칠 시간과 공간만은 넘쳐났다. 나는 무엇이든 새길 수 있는 백지였고, 많은 것이 그런 나를 사로잡았다.

미국 사진, 친구들과의 검투사 놀이, 바벨 신기록 뉴스, 미스터 오스트리아 커트 마르눌이 우리 동네에서 훈련한다는 이야기, 영화《헤라클레스와 포로들》에서 헤라클레스를 연기한 배우들이 모두 미스터 유니버스였다는 사실, 레그 파크가 표지 모델로 나온 보디빌딩 잡지, 그도 나처럼 노동자 마을 출신이라는 걸 알게 된 것까지….

이 모든 순간이 합쳐져 나의 첫 비전을 만들었고, 이후 20년간 해야 할 일을 구체적으로 알려주었다.

하지만 비전 찾기는 몇 년 혹은 수십 년이 걸릴 수도 있는 여정이다. 영영 찾지 못하고 사는 이들도 있다. 그들은 비전의 단서가 될 어린 시절의 열정마저 잊어버렸다. 그 기억은 온갖 방해물과 디지털 기기에 밀려났고, 자기 스스로는 인생을 선택할 수 없다는 무력감에 짓눌려 연기처럼 사라져버렸다.

비극이다. 그러나 가만히 있어선 안 된다. 피해자 코스프레는 그만두자. 오직 당신만이 원하는 삶을 만들 수 있다. 그 누구도 대신해줄 수 없다. 뭘 원하는지 아직 모른다고 해도 괜찮다. 지금부터 찾아나서면 된다. 앞으로의 선택이 중요하다.

당장 해야 할 일은 두 가지다.

첫째, 작은 목표를 세워라. 당장은 크거나 대단해야 할 필요도 없다. 조금씩 나아지고 작은 성공을 쌓는 데 집중하라. 운동 목표도 좋고 식단 목표도 좋다. 인맥 쌓기나 독서 또는 집 정리가 될 수도 있다. 좋아하거나 끝내고 나면 뿌듯함이 느껴지는 일들로 시작하라. 그런 일들을 작은 목표로 삼아 매일 해내면서 당신의 관심사가 어디로 향하는지 눈여겨보라. 어느새 사물을 바라보는 자신의 관점이 달라져 있음을 깨닫게 될 것이다.

하루의 목표가 자리 잡으면 주간, 월간 목표로 넓혀라. 큰 그림에서 좁혀오는 대신, 작은 것에서 시작해 점점 시야를 넓히는 거다. 자신이 쓸모없다는 생각도 서서히 옅어질 것이다.

바로 그때, 두 번째 일을 실행하라. 디지털 기기를 치우고 새로운 시간과 공간을 만들어야 한다. 아무리 좁고 짧아도 괜찮다. 그래야 영감이 깃들고 발견이 일어난다.

사실 말처럼 쉽진 않다. 살다 보면 눈코 뜰 새 없이 바쁘고, 나이 들수록 삶은 복잡해진다. 시간과 공간을 확보하는 것 자체가 어려울 수 있다. 매일 매주 작은 목표까지 실천하려니 더욱 벅찰 것이다. 하지만 처음에만 힘들다. 진짜 힘든 건 당신이 싫어하는 삶을 계속 그렇게 사는 거다. 그에 비하면 시간 내기란 공원 산책 정도로 식은 죽 먹기 아니겠는가?

실제로 공원 산책이 한 방법이 될 수 있다. 역사적으로 위대한 사상가, 지도자, 과학자, 예술가, 기업가 들은 산책하다가 중대한 영감을 많이 얻었다.

베토벤은 악보 종이와 연필을 들고 산책했다. 낭만주의 시인 윌리엄 워즈워스William Wordsworth는 집 근처의 호숫가를 산책하면서 글을 쓰곤 했다. 아리스토텔레스 같은 고대 그리스 철학자들은 학생들과 긴 산책을 하면서 강의하고 학생들의 생각도 자극했다. 프리드리히 니체는 "걸으면서 얻은 생각만이 가치 있다"라고 말했다. 아인슈타인은 프린스턴 대학의 교정을 걸어 다니면서 우주에 관한 이론들을 정리했다. 그런가 하면 작가 헨리 데이비드 소로는 이렇게 말했다. "다리가 움직이기 시작하면 생각도 흐르기 시작한다."

걷기로 창조적 시공간을 확보하는 묘미를 그들은 잘 알고 있었다. 이것은 천재들만의 이야기가 아니다. 걷기가 창의성과 혁신, 삶의 변화를 가져온다는 건 누구나 경험하는 사실이다. 2014년 스탠퍼드대 연구진은 산책하며 창의적 과제를 수행한 참가자 전원의 사고력이 향상됐음을 발표했다.

구글에 '걷기'와 '변화'를 검색해봐도 "내 인생을 바꾼 산책"이란 제목의 글들이 쏟아진다. 남녀노소, 인종 불문, 몸 상태에 상관없이 다양한 이들의 사연이 눈에 띈다. 걷기는 습관과 루틴을 바꿔주고, 복잡한 문제 해결의 실마리를 찾게 해주며, 트라우마 극복과 인생의 중대 결정에도 도움을 주었다.

호주인 조노 라이닌Jono Lineen은 이 모든 효과를 다 경험했다. 그는 30세에 히말라야 2,700킬로미터를 홀로 종단하는 도전에 나섰다. 당시 그 일을 혼자 해낸 사람은 아무도 없었으니 일종의 시험인 셈이었다. 그는 몇 달간 매일 40킬로미터씩 걸으며 웅장한 산맥과 자신만의 생각에만 둘러싸였다.

마침내 돌파구가 찾아왔다. 그제야 깨달았다. 그는 자신을 시험하러 온 게 아니라 바로잡으러 온 거였다. 2021년에 쓴 글에 따르면 "내가 그 산속에서 무엇을 하고 있는지 비로소 깨닫게 되었다. 나는 남동생의 죽음을 받아들이기 위해 그곳에 간 것이었다." 몇 년간 슬픔에서 벗어나지 못하던 그는, 걷기라는 단순하고도 고된 과정 속에서 생각을 정리하고 토끼 굴 같은 슬픔에서 빠져나올 수 있었다.

몇 년 후, 조노는 스페인 북부 산티아고 순례길 800킬로미터를 걸으며 또 다른 전환을 맞이했다. "런던 직장에서 받은 극심한 스트레스로 막혀 있었다. 휴식이 필요했다." 3주간 들판과 마을, 산과 계곡을 가로질러 걸은 끝에, 그는 직장을 그만두기로 결심했다. "걷기 덕분에 내 삶은 멋진 방향으로 나아갔다."

그의 경험이 특별한 게 아니다. 매년 전 세계 30만 명 이상이

산티아고 길을 찾는다. 종교적 이유는 3분의 1도 안 되고, 대부분 다른 목적으로 온다. 영감을 얻고, 변화를 갈망하는 이들의 사람 수만큼 이유는 많다. 그때 걷기보다 더 효과적인 방법도 없다.

나는 오랫동안 헬스장을 사색의 공간으로 활용해왔다. 스키 리프트에서 보내는 10~15분도 자유로운 상상의 나래를 펼치는 신성한 시간으로 삼았다. 자전거 탈 때도 마찬가지다. 그 순간 만큼은 누구의 방해도 받지 않고 생각에 몰두할 수 있다.

요즘엔 매일 밤 자쿠지(기포가 나오는 미국의 욕조 브랜드—편집 주) 목욕으로 영감의 공간을 만든다. 뜨거운 물에 몸을 담그고 기포가 터지는 소리를 들으며 수증기를 맞다 보면 색다른 느낌이 든다. 몸이 둥둥 뜬 것처럼 가벼워지고 감각이 선명해져 주변의 모든 것에 마음이 열린다. 자쿠지는 20~30분간 정신을 맑게 해준다. 가장 사고가 잘 되는 시간이다. 2021년 1월 6일 사건 이후 미국인들에게 한 연설도 자쿠지에 앉아 구상했다.

그날 나는 다른 이들처럼 TV와 SNS로 미국 의회 의사당 습격 사건을 지켜봤다. 모두가 느꼈듯 여러 감정이 교차했다. 불신, 좌절, 혼란, 분노와 함께 끝내는 슬픔이 밀려왔다. 이 나라에 그토록 짙은 그림자가 드리운 사실이 안타까웠다. 그러나 방송 화면 속 소외된 이들의 얼굴에서 분노와 절망을 읽으며 마음이 아팠다. 좋든 싫든 그 모습은 그 사람들이 세상에 남긴 흔적과 유산이었다.

그날 밤, 자쿠지에 앉아 보글보글 솟아오르는 물방울로 긴장된 목과 어깨를 풀며 그들을 떠올렸다. 천천히 결론에 다다랐다. 우리가 목격한 건 정치적 선언도, 자유를 위해 피 흘리는 애국자들의 투쟁도 아니었다. 그건 도움을 호소하는 절규였다. 나는 손을 내밀고 싶었다.

사람들을 돕는 일은 2003년부터 내 삶의 초점이 되어왔다. 명성과 공직에 따라오는 힘을 이용해 가능한 한 많은 이의 삶에 변화를 주는 것. 그게 내 인생 3막의 비전이었다.

하지만 이번엔 달랐다. 무언가 더 큰 일이었다. 트위터와 인스타그램에서 시위대, 경찰, 구경꾼, 기자 등 현장에 있던 이들이 실시간으로 올린 영상을 보며 깨달았다. 소셜 미디어로 그들이 나에게 다가올 수 있듯, 나 역시 그들에게 손을 뻗을 수 있다는 생각이 들었다.

곧바로 선명한 장면이 머릿속을 스쳤다. 책상 앞에 앉아《코난-바바리안》의 검을 양손에 쥐고, 우리 사이를 이간질하는 모든 것을 가차 없이 쳐내자고 역설하는 모습이었다. 내 플랫폼을 완전히 새로운 방식으로 활용하자는 아이디어였다.

일요일, 나는 인스타그램에 연설 영상을 올렸다. 가장 큰 상처를 입은 이들에게 위로와 치유의 메시지를 전하고 싶었다. 내 이야기와 미국의 약속에 대해 얘기했다. 그리고 코난의 검을 들어 올렸다. 며칠 전 그려본 그림 그대로였다.

나는 검이 민주주의를 상징한다고 말했다. 검을 제련할 땐 열과 충격, 냉각과 연마를 수없이 반복할수록 더 강하고 날카롭고 탄력 있게 된다고 설명했다.

나는 이 메시지에 "섬기는 자의 마음"A Servant's Heart이라는 제목을 붙였다. 어두운 시대를 헤쳐 나가려면 모두가 필요한 자세이기도 했지만, 무엇보다 내가 이 나라에 진 빚을 갚아야 한다는 생각이었다 10살, 11살 때부터 내 눈에 미국은 세상에서 가장 좋은 나라였다. 세계에서 가장 위대한 민주주의 국가였다.

나의 모든 것, 내가 이룬 모든 것, 지금의 나 자신까지, 미국 덕분이었다. 내 꿈을 실현시킬 유일한 곳이 바로 미국이었다. 그 미국이 위기에 처한 지금, 나는 섬기는 자의 마음으로 민주주의를 지키고 싶었다.

'섬기는 자의 마음'은 내가 그리기 시작한 새로운 인생의 청사진이기도 했다. SNS의 힘을 빌려 전 세계의 많은 이들에게, 그 어느 때보다 직접적인 도움을 주겠다는 포부였다. 20년간 쫓아온 봉사의 비전이 내 삶의 4막으로 진화한 것이다. 매일 생각을 위한 공간을 만드는 습관이 있기에 가능한 일이었다. 덕분에 영감과 새로운 아이디어가 들어올 수 있었다.

걷기든, 운동이든, 독서든, 자전거든, 느긋한 목욕이든 무엇이든 괜찮다. 갇힌 듯할 때, 삶의 비전을 찾지 못했을 때, 우선 작은 목표부터 세워 모멘텀을 쌓고 매일 생각을 위한 시간과 공간을 확보하라. 공상에 빠져보고 주위를 둘러보고 현재에 집중하다 보면 영감과 통찰이 스며들 것이다. 그러다 보면 아무리 애써도 좀체 얻을 수 없던 답이 제 발로 걸어오기도 한다.

'정확한' 목표와 '비슷한' 목표는
우승과 패배만큼 천지 차이다

책상 앞에 앉아 1월 6일 연설을 하는 내 모습이 생생히 그려졌다. 마치 머릿속 영사기가 돌아가듯 선명했다. 언제나 그랬다. 내 삶의 거대한 비전은 모두 그런 식으로 뚜렷한 이미지로 다가왔다.

어릴 적엔 미국에 있는 내 모습이 보였다. 구체적으로 뭘 할지는 몰랐지만, 어쨌든 난 미국에 있었다. 햇살이 피부를 감싸고, 모래가 발가락을 간지럽히는 감각이 생생했다. 바다 내음과 파도 소리까지 느껴졌다. 그때까지 난 바다는커녕 파도조차 본 적이 없었다. 그저 고향 마을 그라츠를 벗어나면 바로 나오는 인공호수인 탈러 지Thaler See의 깊은 물 속으로 돌을 던져 일렁이는 물결을 봤을 뿐이었다. 막상 캘리포니아에 가보니 상상과는 사뭇 달랐다. 장단점이 있었지만(모래는 정말 별로였다), 어쨌든 애초에 날 서부로 이끈 건 머릿속의 생생한 이미지였다.

보디빌딩에 빠졌을 땐, 챔피언의 꿈이 단순한 염원이 아니었다. 그건 명확한 비전이었다. 보디빌딩 잡지에서 본 레그 파크 같은 이들의 우승 사진에서 힌트를 얻었다. 시상대 최고 높이에서 트로피를 든 내 모습이 선명했다. 아래에선 다른 선수들이 부러움 반 감탄 반의 눈빛을 보내고 있었다. 그들의 억지 미소와 경기용 팬티 색깔까지 보였다. 기립박수 치는 심사위원들, "아놀드! 아놀드! 아놀드! 아놀드!" 연호하는 관중들도 생생했다. 이건 공상이 아니라 아직 일어나지 않은 미래 기억이었다. 적어도 내겐 그랬다.

연기에 도전할 때도 비슷했다. 데뷔 전부터 영화 포스터와 극장 간판에 내 이름이 적힌 모습이 선명했다. 내가 사랑한 영화 제목 위에 클린트 이스트우드, 존 웨인, 숀 코너리, 찰스 브론슨 같은 이름이 올라 있듯 말이다. 처음엔 제작진들이 '슈워제네거'가 쓸데없이 길고 발음하기도 힘드니 '스트롱' 같은 간단한 이름으로 바꾸라고 권했다. 하지만 나는 이미 상상하고 있었다. 영화 제목 위에 '아놀드 슈워제네거'라는 이름이 근사하게 어울리는 모습을.

정계에 입문할 때도 마찬가지였다. 오래전부터 내가 받은 것을 사회에 환원하며 보람을 느꼈다. 스페셜 올림픽(지적 장애인들을 위한 국제적인 스포츠 대회—편집주) 선수들, 방과 후 프로그램을 통해 위기의 청소년들을 지원했다. 1990년에는 영광스럽게도 대통령 직속 체력 및 스포츠 위원회 위원장으로 임명되어 체육 발전을 위해 미 전역 50개 주를 모두 방문했다. 그 과정에서 내 영향력이 커질수록 더 많은 이에게 도움이 될 수 있음을 깨달았다. 정계 진출도 그 일환이었다.

공직 출마는 예전부터 고려해왔지만, 정확히 어떤 형태일지는 불분명했다. 비전에 초점이 없었던 거다. 상원의원? 거액 기부자? 시장직을 권하는 이들도 있었지만, 정신이 멀쩡한 사람이라면 힘들기만 하고 아무런 보상도 받지 못하는 그 자리를 누가 원한단 말인가? 그림이 그려지지 않았다. 그러다 2003년, 캘리포니아 주지사 그레이 데이비스Gray Davis에 대한 주민소환 투표 가능성이 제기됐다. 당시 캘리포니아는 엉망진창이었다. 주민과 기업이 줄줄이 떠나고, 순환 정전rolling blackout(지역별로 순차적으로 전력을 차단하는 정책—옮긴이) 사태에 세금 폭등까지. 끊이지 않는 악재에 나도 화가 치밀어 재신임 투표를 간절히 바라고 있었다.

주민소환이 기정사실화되자, 갑자기 비전이 선명해졌다. 캘리포니아 새크라멘토의 주지사 집무실 책상에 앉아 민주당이 장악한 의회와 협상하고 주민들을 위해 일하며 캘리포니아를 정상 궤도에 돌려놓는 내 모습이 보였다.

'출마해야겠다. 그리고 반드시 이길 것이다.'

마음속 이미지가 너무도 생생해서, 그대로 액자에 끼워 벽에 걸어도 될 정도였다. 2021년 1월에 그려본 광경과도 놀랍도록 닮아 있었다. 책상과 그 위의 물건들, 내 옷차림과 조명, 카메라 위치까지 낱낱이 떠올랐다. 코난의 검을 쥔 손의 감촉도 생생했다. 우리 앞에 닥친 위기와 해법을 역설하는 내 목소리의 높낮이까지 들렸다.

인정한다. 『시크릿』 같은 책에서 말하는 '끌어당김의 법칙'처럼 믿기만 하면 무조건 이루어진다는 말처럼 들릴 수도 있다. 하지만 그런 뜬구름 잡는 소리가 아니다. 상상'만'으로 소망이 '저절로' 현실이 된다는 게 아니란 말이다. 이건 완전히 다른 얘기다. 계획을 짜고 노력하고 배우고 실패하고, 또 배우고 또 노력하고 또 실패해야 한다. 그것이 인생이고, 그게 인생의 법칙이다.

비전을 오랫동안 간직하고, 원하는 삶을 살 가능성을 높이고 싶다면 그 비전을 머릿속에 아주 선명한 그림으로 새겨야 한다는 의미다.

그림이 보여야 한다.

엘리트 운동선수들은 이 효과를 잘 알고 있다. 그들은 시각화의 달인이다. 거의 모든 종목의 최상위권에서 챔피언을 만드는 것은 다름 아닌 이 시각화 능력이다. 전설적인 올림픽 수영 금메달리스트 마이클 펠프스가 10대 시절부터 한 바퀴를 돌 때마다 0.1초씩 단축을 상상하며 훈련한 것은 유명하다. 호주 골퍼 제이슨 데이는 샷 전에 잠시 물러서서 눈을 감고 공을 치는 모습을 떠올린다. 자세 잡고, 스윙하고, 공이 원하는 곳에 떨어지는 광경까지.

여러 차례 세계 정상에 오른 F1 드라이버 제바스티안 페텔은 예선 레이스 시작 전, 차에 앉아 눈을 감고 회전과 기어 변경, 가속과 제동, 코너링 등 모든 과정을 머릿속에 그렸다. 요즘 F1 드라이버라면 누구나 실제로 핸들을 잡은 듯 두 손을 모으고 눈을 감은 채, 서킷 전체를 상상 속에서 주파한다.

그들이 시각화에 진심인 이유는 간단하다. 세계 정상급 경쟁이 그만큼 혹독하기 때문이다. 최고 반열에 오르려면 기본적으로 엄청난 노력과 기량, 훈련이 필요하다. 재능과 열정만으로는 당연히 부족하다. 열렬히 바란다고 해서 우승을 장담할 수 없다. 정상에 선 자신을 떠올려야 한다.

세계 최정상 종합격투기 선수들은 연습할 때 3~5라운드 스파링이 끝나면 일어나 두 팔을 번쩍 들고 매트를 돌며 승리를 자축한다. 다가올 경기의 결과를 미리 담아두는 것이다. 스포츠 심리학자 돈 맥퍼슨은 이렇게 말했다. "마음에 그려진다면, 무엇이든 이룰 수 있다." 이루려는 목표가 선명해야 한다. 행동에 앞서 청사진을 그리는 게 결정적 차이를 만든다.

원하는 성공이 무엇인지 아는 것만큼 중요한 건, 원치 않는 성공이 무엇인지 확실히 하는 일이다. 원하는 삶의 이미지가 조금이라도 흐릿하면 세상의 유혹에 넘어가 가짜 버전을 손에 쥐고, 정작 올바른 길에서 벗어날 위험이 크다. 성공을 분명히 정의 내려야 비전이 선명해진다. 내 경험상 그 선명함은 평정심을 가져다준다. 거의 모든 질문에 쉽게 답할 수 있게 해주니까.

1974년 미스터 올림피아 5연패 직후, 피트니스 비즈니스의 개척자 잭 라랜Jack LaLanne에게서 연락이 왔다. 그는 각종 운동기구를 발명했고 '헬스클럽'이란 개념 자체를 만든 사람이었다. 당시 그가 운영하던 클럽만 200개가 넘었는데, 나더러 광고 모델 겸 홍보대사를 맡아달라며 연간 20만 달러를 제안한 것이다. 지금도 큰돈이지만 1974년에는 더욱 그랬다. 세계 최고 보디빌더가 1년에 벌어들이는 돈이 기껏해야 5만 달러 안팎이었으니까. 엄청난 제안이었지만 나는 즉각 거절했다.

헬스클럽 프랜차이즈 광고모델은 내 비전에 들어맞지 않았다. 부끄럽거나 격에 맞지 않아서가 아니었다. 체력 단련에 관심 있는 이들에게 잭 라랜은 영웅이었으니까. 문제는 그 제안을 받아들이면 내가 향하던 '배우의 길'에서 벗어나게 된다는 점이었다. 그걸 알았기에 선택은 어렵지 않았다. 엄청난 부와 명성을 단박에 거절할 수 있었던 것은 그게 내 비전에 방해가 될 것을 알았기 때문이었다.

비전이 조금이라도 흐릿하거나, 성공에 대한 정의가 분명치 않으면 다가오는 기회와 도전을 제대로 평가하기 어렵다. 이게 정말 내가 바라는 건지, 그저 비슷한 건지, 그 '비슷함'으로 만족할 수 있을지 확신이 서지 않는다. 머릿속에 선명한 그림이 있어야만 눈앞의 선택이 어디에 속하는지 정확히 가늠할 수 있다.

비슷해 보여도 펩시와 코카콜라, 하와이와 괌 여행은 분명 다르다. 하와이와 괌은 모두 환상적인 날씨로 유명한 태평양 섬이고 달러를 사용하지만, 포시즌 호텔은 한 곳에만 있다.

스포츠에선 그 격차가 더욱 가혹하다. 정확한 목표와 비슷한 목표는 우승과 패배만큼 천지 차이다. 질 생각으로 경기하는 사람은 없다. 인생도 마찬가지 아닐까. 내가 정확히 원하는 그것을 겨냥해야 한다. 삶에는 리허설도, 연습도, 예행연습도 없다. 딱 한 번뿐인 실전이다. 그러니 미리 명확히 그려내고 확실하게 성취해야 한다.

거울은 거짓말하지 않는다

거울을 들여다보면 무엇이 보이는가? 승자인가, 패배자인가? 행복한 얼굴인가, 불행한 얼굴인가? 비전을 품은 사람인가, 길 잃은 사람인가? 쉬운 질문을 하나 더 하자. 당신의 눈동자는 무슨 색인가? 파란색인지, 갈색인지 묻는 게 아니다. 다시 묻겠다.

당신의 눈은 정말 무슨 색인가?

어찌 보면 결코 쉬운 질문이 아니다.

대다수는 이 질문에 머뭇거린다. 거울 보기를 꺼리니까. 설령 보더라도 자신을 정면으로 마주하지 않는다. 너무 불편하고 두렵기 때문이다. 거울 속 모습은 마음속으로 그리는 이상적인 자신의 모습과 너무나 동떨어져 있기 때문이다.

하지만 지금 내가 어디쯤 와 있는지 알려면 아무리 껄끄러워도 날마다 거울을 봐야 한다. 올바른 방향으로 가고 있는지 알려면 매일 자신을 확인할 필요가 있다. 상상 속 내 모습과 거울 속 내 모습이 일치하는지 살펴야 한다. 현실에서의 선택이 내 비전과 맞아떨어지는지 알아야 한다. 무용지물이 되지 않으려면 당연히 그래야 하지만, 나쁜 사람이 되지 않으려면 더더욱 그래야 한다.

내 경험상 피트니스 세계와 할리우드, 정치계에는 멋진 사람들이 정말 많다. 실제로 그런 사람들을 많이 만났다. 하지만 불쾌하고 멍청한 '개자식들'도 차고 넘친다. 수상쩍은 구두쇠 헬스장 사장은 돈만 많고 안목은 없는 영화사 간부나, 동네에서 겨우 4만 표 얻고도 세상 제일 잘났다고 아는 정치인에 비하면 오히려 귀엽게 느껴질 지경이다. 이 분야의 어두운 면과 씨름하는 일은 마치 오물과 헤어젤 범벅인 러시아 마트료시카 인형 속을 헤매는 것 같았다. 자기 자신과 목표에 대한 확신이 없다면 주변에 휩쓸려 삼켜질 가능성이 크다.

좋은 사람과 나쁜 사람의 차이는 명료하다. 자기 인식과 비전의 선명도를 보면 안다. 좋은 이들은 이루려는 바를 구체적으로 알고, 비전을 모든 선택의 잣대로 삼는 절제력이 있다. 그들은 거울 속 자신을 수시로 확인한다. 비전은 우리와 함께 변화하고 진화한다. 좋은 사람들은 거울을 두려워하지 않는다.

반면 나쁜 이들은 거울을 마치 전염병이라도 되는 양 피한다. 대개 진정한 비전을 오래전에 잃어버리고, 인위적이고 이기적인 가짜 비전에 사로잡혀 그것으로 살아갈 뿐이다. 목표를 명확히 하려 애쓰지도, 진정 바라는 삶이 무엇인지 곰곰이 생각해보지도 않는다. 애초에 그럴 필요성을 못 느낀다.

그런 부류는 오로지 돈을 위해 금융가로, 유명세를 위해 할리우드로, 권력을 위해 정계로 뛰어든다. 처음 떠올린 큰 그림이 통했기에 더 깊이 파고들 생각을 하지 않는다. 그들은 애초에 중시했던 한 가지 면에서만 성공했다. 어쨌든 성공했으니 문제없다고 여긴다. 설령 주위 사람들이 피해를 봐도 고치려 들지 않는다.

나는 성인이 된 이후로 계속 거울을 들여다보았다. 공직자이자 자선가로 살아온 지난 20년간, 내게 거울은 곧 유권자들의 표요, 지지율이자 통계이고 데이터였다. 캘리포니아 주지사로서, 대통령 직속 체육위원회 위원장으로서, 기후운동가로서 숫자를 외면할 수 없었다. 사람들은 나와 내 아이디어를 어떻게 생각하는지 말과 표와 행동으로 드러낸다. 나를 불신하는지 믿는지를 표명하는 방법이다. 데이터가 쏟아지고 지표가 변화하는 순간, 내 비전이 현실성 있는 것인지 아니면 그저 환상에 불과한 것인지 깨닫게 된다.

정계에 입문하기 전, 할리우드에서 보낸 20년간 카메라와 스크린은 나의 거울이었다. 작품에서 구현하고픈 연기에 대한 비전은, 500석 어두운 극장의 9미터 스크린에 투영된 실제 내 모습만큼이나 중요하다. 카메라는 거짓말을 하지 않으며, 고해상도로 완벽히 초점을 맞춰 초당 24컷을 찍어낸다. 《터미네이터》에서 내 출연분은 21분에 불과했지만, 그래도 내 모습은 3만 장 이상의 선명한 이미지로 영원히 남게 되었다. 내가 그 장면들을 목표한 대로 연기했다고 아무리 뿌듯해해도, 관객들도 그렇게 느껴야만 성공이라 말할 수 있다. 그래야 그 영화에서 배우로서의 비전을 이뤘다고 할 수 있는 것이다.

그 이전 보디빌더로 활약한 20년 동안, 거울은 문자 그대로의 거울이었다. 난 하루도 빠짐없이 몇 시간씩 거울을 들여다봤다. 거울을 바라보는 것 자체가 나의 일상이었다. 보디빌더에게 거울은 필수 도구다. 거울에 비친 자신을 바라보지 않고선 운동이 제대로 되고 있는지 알 도리가 없으니까. 거울을 보며 힘을 줘봐야 근육 크기와 선명도가 충분한지 확인할 수 있다. 거울 앞에서 규정 포즈를 하나하나 취해봐야만 제대로 익혔는지 가늠할 수 있다.

다큐멘터리 영화《펌핑 아이언》오프닝 씬은 내가 프랑코 콜럼부와 함께 뉴욕의 한 발레 스튜디오에서 강사에게 동작을 배우는 장면이다. 우리는 포즈 개선을 위해 그녀에게 자세와 시선을 교정받는다. 그녀는 우리의 모든 움직임이 부드럽고 멋져 보이도록, 포즈가 자연스럽게 연결되도록 조언한다. 특히 포즈 전환에 무엇을 주의해야 할지 훌륭한 지적을 해준다. 심사위원들은 선수가 무대에서 멋진 포즈로 근육을 과시할 때뿐 아니라 그 사이사이도 모두 지켜본다는 것이었다. "사람들은 언제나 여러분을 보고 있음을 명심하세요." 정말 핵심을 찌르는 말이었다!

물론 잡지 사진엔 포즈 취한 정적인 모습만 실릴 테고, 그 자리에 없던 이들의 기억에도 그렇게 각인되겠지만, 정작 현장에 있는 이들, 진짜 중요한 사람들은 선수가 포즈 사이를 오가는 순간까지 낱낱이 주시하고 평가한다.

이는 인생에 정점이나 특별한 순간만 있는 게 아님을 완벽하게 보여준다. 기억에 남거나 앨범에 실릴 장면만 중요한 게 아니다. 그 사이사이도 모두 인생이다. 포즈 잡는 순간뿐 아니라 그다음으로 넘어가는 시간도 인생이다. 인생은 기나긴 공연이며, 강렬한 인상을 남기고 싶다면 사이사이의 작은 순간까지도 소중히 여겨야 한다.

사실 다큐멘터리 첫 장면에선 카메라 앵글 때문에 안 보이지만, 연습실 벽면 두 군데가 온통 거울로 둘러싸여 있었다. 무용수들 역시 보디빌더들처럼 안다. 자신을 정직하게 직시하지 않고선 성장이 없음을. 머릿속에 선명히 그린 목표를 위해 제대로 하고 있는지 돌아보지 않으면 발전할 수가 없다.

인생에서 최고의 퍼포먼스를 보여주고, 불가능해 보이고 미친 듯한 비전을 실현하려면, 그 목표를 향해 달려가는 내 모습이 객관적으로 어떻게 비치는지 직시해야 한다. 세상의 기대에 부응하라는 게 아니다. 거울 앞에 서서 자신을 똑바로 마주하길 두려워하지 마라.

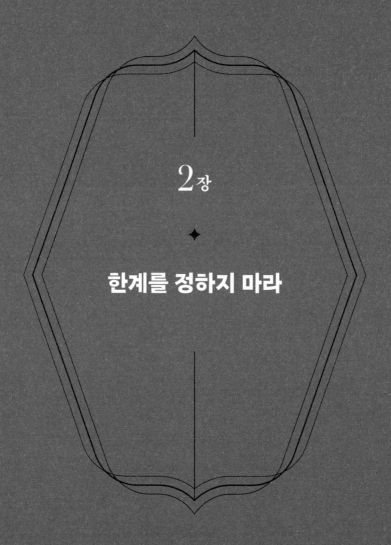

ARNOLD SCHWARZENEGGER

2장

한계를 정하지 마라

Be Useful

1987년 말, 내가 스크린 속에서 죽인 사람은 283명에 달했다. 당시나 지금이나 할리우드에서 그 기록을 넘어선 이는 없었다. 8편의 영화로 해낸 '성과'였다. 당당히 액션 스타 반열에 올랐고, 출연작마다 포스터 맨 위엔 내 이름이 자리했다. 그려왔던 이미지 그대로였다.

"아놀드 슈워제네거"

모두가 내 성공을 인정했다. 기자들, 영화사 간부들, 에이전시 관계자들, 친구들까지. 그들은 마치 내 일이 끝났고 더 이상 증명할 게 없다고 생각하는 듯했다. "다음엔 뭘 할 거예요, 아놀 드?" 다들 여기까지 오른 나를 보며 감탄하면서도 더 이상 할 일이 뭐가 있겠냐는 듯이 물었다.

그들은 너무 작게 생각하고 있었다. 하지만 내 목표는 계속 진화하고 있었다. 성장을 멈추지 않았다. 더 크고 선명한 그림이 머릿속에 그려졌다. 난 그저 최고의 액션 스타로 만족할 수 없었다. 주연급 배우가 되고 싶었고, 최고의 몸값을 받는 배우가 되길 원했다.

그러려면 내가 근육과 액션 말고도 다른 면모가 있음을 보여 줘야 했다. 좀 더 부드럽고, 드라마에 잘 어울리는 유쾌하고 인간적인 모습 말이다. 그래서 코미디 영화에 도전하기로 마음먹었다.

주위의 반응은 싸늘했다. 기자들은 내게 그런 연기가 안 될 거라 했고, 영화사 간부들은 관객 모으기가 어려울 거라 했다. 에이전트는 출연료 삭감을 각오해야 한다고 경고했고, 친구들은 망신만 당할 거라 만류했다.

하지만 내 생각은 달랐다.

내겐 전년에 사귄 훌륭한 제작자이자 감독인 이반 라이트만 Ivan Reitman이 있었다. 앞으로의 비전을 그에게 털어놓았더니, 그는 내가 액션 말고도 보여주고 싶어 하는 다양한 면모를 알아봐 주었다. 내가 그린 다음 행보가 그에게도 보였던 것이다.

이반은 할리우드가 근본적으로 회의주의자들로 가득 차 있음을 잘 알고 있었다. 그들은 내가 도전보다는 익숙한 길만 가기를 바랐다. 그게 그들이 가장 쉽게 이해할 수 있는 방식이었으니까. '아놀드는 액션 스타니까 앞으로도 액션 영화 시나리오만 보내'라는 식이었다.

하지만 내가 제작사 간부들을 일일이 찾아다니며 코미디물에 캐스팅해달라 할 수는 없는 노릇이었다. 진심으로 코미디 영화를 하고 싶다면, 직접 기획해 그들이 거절할 수 없는 제안을 해야 했다.

우리는 그렇게 했다.

이반이 시나리오 작가 친구들에게 아이디어를 구했고, 우리 둘이 그것들을 검토했다. 우리 마음에도 들고 제작사도 좋아할 만한 걸 찾아냈다. 그게 영화《트윈스》였다.

한 실험을 통해 태어나 서로의 존재도 모른 채 자란 쌍둥이가 35년 만에 재회한다는 버디 코미디였다. 내가 완벽한 형 줄리어스 역을, 교도소에서 막 출소한 말썽꾸러기 동생 빈센트 역을 대니 드비토Danny DeVito가 맡았다.

우리 셋은 환상의 조합이었다. 그때 나는《코만도》와《프레데터》를 성공시켰고, 대니는 시트콤《택시》와 영화《로맨싱 스톤》을 끝낸 참이었다. 이반은《고스트버스터즈》를 연출한 상태였다. 이런 우리가 뭉치는 코미디라면 다들 같이하자고 달려들 법도 했다.

그러나 대부분의 영화사가 고개를 저었다. 콘셉트는 마음에 드는데 내가 코미디 주연을 맡는 게 걸린다는 반응이었다. 거기에 코미디의 천재 대니 드비토와 호흡을 맞춰야 하는데 내가 감당할 수 있겠느냐는 의구심도 제기됐다.

대니가 아닌 다른 배우여도 내게는 어려운 역이라는 평도 있었다. 의외의 신선한 조합이 큰 웃음을 줄 가능성은 있지만, 실패할 위험도 큰데 우리 셋 다 최고로 잘나가는 시기라 몸값이 만만치 않았다. 평소처럼 출연료를 받는다면 제작비가 크게 늘 수밖에 없었다. 그러려면 대박이 나야만 손익분기점을 넘길 터였다.

우리는 대책을 논의했다. 시나리오는 마음에 쏙 들었고, 제작비만 대준다면 반드시 성공시킬 자신이 있었다. 반대하는 이들을 한 명씩 설득해야만 했다. 떠오른 해법은 계약금을 포기하고 흥행 수익으로 보수를 받는 것이었다. 이른바 '백엔드backend' 계약이었다. 즉, 영화사가 돈을 벌어야 우리도 돈을 벌 수 있는 구조였다.

결코 쉬운 선택은 아니었다. 당시에 영화 수익 배분은 거의 없는 관행이었고(지금도 크게 다르지 않다), 우리 경력에도 위험한 선택이었다. 당장의 확실한 보수도 포기해야 했다. 그럼에도 우린 이왕 도전하는 거 제대로 해보기로 뜻을 모았다.

우린 유니버설 픽쳐스의 톰 폴록 회장을 설득하는 데 성공했다. 이반이 내게서 주연배우로서의 잠재력을 봤듯, 톰도《트윈스》의 가능성을 알아봐주었다. 놀랍게도 그는 계약금을 주겠다고까지 했다! 하지만 우린 원래 조건을 고수했고, 톰은 우리 뜻을 받아들였다.

1988년 초 뉴멕시코주 샌타페이에서 촬영이 시작됐다. 이듬해 초에는 대선 당선인 조지 부시가 참석한 가운데 케네디 센터에서 시사회가 열렸다. 미국 내에서만 1억 달러가 넘는 흥행 수익을 올렸다. 그때까지 내 영화로는 최고 기록이었다. 지금도 믿기 어려워하는 이들이 많지만, 내 배우 인생에서 가장 많은 수입을 안겨준 작품이 바로《트윈스》이다.

정말, 최선을 다했는가?

할리우드에서 만난 사람 중에서 나보다 더 무모하고 나보다 더 크게 생각하는 사람은 단 한 명, 제임스 카메론뿐이다. 짐과는 거의 40년 동안 친구로 지내왔고 세 편의 영화를 함께했다. 그 중 두 편인《터미네이터 2》와《트루 라이즈》는 모두 개봉 당시 흥행 1위를 기록했다.《트루 라이즈》는 공식적으로 제작비 1억 달러를 넘긴 최초의 영화이기도 하다.

그러나 짐이 다른 누구보다 뛰어난 점은 프로젝트에 온 힘을 쏟는 능력이다. 그는 그 능력을 여러 번 증명해 보였다. 독일어에 이런 말이 있다. "벤 숀, 덴 숀Wenn schon, denn schon". 간단히 말하자면 "무언가를 하려거든 전력을 다해서 하라"라는 뜻이다. 짐은 이 말을 삶에서 구현해낸 사람이다. 내가 그를 알아온 세월 동안 언제나 그랬다.

아마도 경력 초기에 모형 제작자와 프로덕션 디자이너로 일하면서 생긴 습관인 듯하다. 알다시피 이 직업들은 무언가를 최대한 진짜 같고 현실적으로 보이게 만드는 것이 목표다. 따라서 작업에 진정으로 헌신해야 한다. 절대 적당히 해서는 안 된다. 무언가를 진짜처럼 보이게 하려면 '적당히'는 용납될 수 없다. 반드시 완벽해야 하며, 아무리 사소한 디테일도 놓쳐서는 안 된다. 큰 것만큼이나 작은 것도 중요하다.

사실 보디빌딩도 비슷하다. 모든 보디빌딩 대회에는 4가지 중요한 심사 항목이 있다. 근육 크기mass, 자연미proportion, 근육 강도definition, 무대 연출stage presence 및 포즈posing다. 최대한의 점수를 받기 위해 각 항목마다 신경 써야 할 작은 부분이 엄청나게 많다. 큰 것과 작은 것에 모두 집중해야만 승리할 수 있다.

1968년에 마이애미로 가서 미국 대회에 처음 출전했는데 우승을 놓쳤다. 네 가지 주요 항목 중 하나가 부족해서였다. 우승자는 프랭크 제인이라는 선수였는데 나보다 체구는 작지만 근육 선명도가 훨씬 뛰어났다. 나는 그에 비하면 근육 선명도가 약했다. 큰 것을 놓친 것이었다.

한 달 후에 LA 베니스에 있는 골드 짐에서 훈련을 시작하면서 내가 큰 것을 놓친 이유를 깨달았다. 바로 두 개의 작은 것, 즉 중심부^{midsection}와 종아리를 소홀히 한 탓이었다.

미국의 프로 보디빌더들은 유럽보다 신체 중심부의 개별 근육에 훨씬 더 주의를 기울였다. 물론 유럽 선수들도 니턱^{knee tuck}(상복부와 하복부를 강화하는 운동—편집주) 같은 일반적인 복부 운동으로 상복부와 하복부를 단련하지만, 내복사근, 복횡근, 가슴 바깥근육 아래의 앞톱니근까지 세세하게 훈련하지는 않았다. 적어도 나는 그랬다.

마이애미 무대에서 나란히 선 프랭크와 나의 사진을 보면 그 차이가 확연하다. 내 식스팩은 훌륭하지만 다소 평범한 반면, 프랭크의 신체 중심부는 해부학 교과서를 돌에 조각해놓은 듯 각 근육들이 선명하게 드러난다. 나는 그를 비롯한 미국인 선수들의 훈련 방식을 따라 할 필요가 있었다. 단, 그들보다 더 많이, 더 오래 해야 했다.

그리고 문제의 종아리. 종아리는 가슴이나 등이나 일명 '해변용 근육'(이두근이나 삼각근)처럼 크고 눈에 확 띄는 근육은 아니지만, 대회 우승을 위해서는 그에 못지않게 중요하다. 고대 그리스 조각상의 이상적 신체 비율처럼 완벽한 대칭을 이루는 데 큰 역할을 한다. 위대한 보디빌더가 되고 싶다면 반드시 종아리 근육에도 신경을 써야 한다.

하지만 종아리 근육은 우리가 걸을 때마다 큰 충격을 받는 만큼 수축 속도가 느리고 피로도 덜 느끼도록 발달한 지근遲筋, slow-twitch muscle이라 키우기가 어렵기로 유명하다. 당시 보디빌더들도 종아리 근육을 키우기가 너무 힘들어 그냥 포기하거나 잊어버리곤 했다. 바지나 운동용 양말에 가려져 있어 잊기 쉽고, 체육관 거울로도 자세히 보기 어렵기 때문이다.

그러나 나는 내 종아리 근육이 충분히 크지 않다는 걸 알았다. 종아리는 기본적으로 다리의 이두근인데, 내 팔 이두근은 24인치(약 61센티미터)였지만 종아리는 그만큼 크지 않았다. 균형 잡힌 체형이 나오지 않아 미스터 올림피아 우승을 놓친다면 세계 최고의 보디빌더가 될 기회 또한 멀어질 것이 분명했다.

그걸 알고도 가만히 있을 순 없었다. 작은 것 하나가 커다란 비전을 망치도록 내버려둘 수 없었다. 나는 세계 최고가 되기 위해 미국에 왔다. 그러려면 무슨 일이 있어도 이 문제를 반드시 해결해야만 했다.

종아리 근육을 키워야 한다는 사실을 깨달은 그날, 나는 운동 바지에서 다리 부분을 잘라냈다. 다른 근육을 훈련할 때도 거울에 종아리가 보일 수밖에 없도록 했다. 그리고 매일 종아리 운동을 시작했다. 전에는 마지막에 했지만, 이제는 체육관에 가자마자 종아리부터 운동했다. 카프 레이즈 머신calf raise machine에서 1,000파운드(약 454킬로그램)로 수십 번씩 했다. 일주일에 하루도 빼먹지 않았다.

체육관에서 걸어 다닐 때마다 종아리가 눈에 들어왔고, 내 종아리 근육이 자라기 시작하면서 경쟁자들의 시선도 끌었다.

그리고 1년 후, 미스터 올림피아 대회에서 7회 중 첫 우승을 차지했다. 복부와 종아리 운동에 열을 올린 덕분이었을까? 아닐 수도 있다. 하지만 그 노력을 하지 않았더라면 절대 우승하지 못했으리라는 것만큼은 확실하다.

짐은 이런 것을 너무 잘 아는 사람이다. 《타이타닉》에 당시 2억 달러라는 역대 최고의 제작비가 든 것도 그래서였다. 그는 세계에서 가장 유명한 선박 침몰 사건을 지금까지 그 누구도 경험해보지 못한 방식으로 영화에 담고 싶었다. 자신이 그 누구도 해보지 못한 방식으로 그 사건을 체험했기 때문이었다.

1995년, 그는 전력을 다해 도전을 시작했다. 러시아 잠수정을 타고 해저로 내려가 타이타닉호의 잔해를 직접 눈으로 확인했다. 자신이 보고 느낀 것을 관객들도 느끼길 바랐다. 북대서양 한가운데서 배와 함께 침몰하는 그 느낌을 말이다. 그는 관객들이 세계 최대 규모였던 여객선의 역사와 화려함에 완전히 빠져들기를 원했다. "완벽해야만 한다"라고 강조했다.

그래서 그는 완벽을 추구했다. 타이타닉호를 실제로 재현해냈다. 멕시코 바하 해변에 4천만 달러를 들여 만든 거대한 물탱크 안에 말이다. 배의 길이는 실제 타이타닉과 거의 비슷한 775피트(약 236미터)에 달했다. 배 앞부분은 물속으로 기울일 수 있었고, 거대한 뒷부분은 분리해서 90도로 떨어뜨릴 수 있었다. 배 내부에도 기울일 수 있는 세트를 만들었다. 밖의 플랫폼에는 카메라와 조명 장치를 설치하고 크레인에 매달아 선체를 따라 상공에서 앞뒤, 위아래로 자유롭게 움직일 수 있게 했다.

매우 야심 찬 프로젝트였다. 실물 세트에서 촬영한 장면들이 특수 효과와 매끄럽게 어우러져야 했기에 문제가 생길 여지가 너무나 많았다. 작은 것 하나라도 잘못되면 영화 전체가 유치하거나 지루하거나 비현실적으로 보일 수 있었다.

짐이 그린 비전대로 영화를 만들려면 전력을 다해야만 했다. 조금의 타협이나 안일함도 용납될 수 없었다. 약간의 부족함이나 대충 넘어가는 태도는 허용되지 않았다. 세트장의 모든 디테일이 역사적으로 완벽하게 고증되어야 했다. 카펫, 가구, 은식기, 샹들리에 유리, 난간의 목재 종류까지, 모든 것이 1912년 그 시절 그대로여야 했다. 짐은 모든 접시에 화이트 스타 라인White Star Line(타이타닉호의 소유주 — 옮긴이) 엠블럼을 새겼고, 엑스트라 배우 한 명 한 명에게 캐릭터의 상세한 배경 이야기를 들려주었다. 전력투구 그 이상이었다.

촬영은 7개월이나 걸렸다. 마침내 1997년 12월 19일 미국에서 개봉한 《타이타닉》은 첫 주말에 2,800만 달러를 벌어들였다. 그해 말, 총 흥행 수익은 1억 달러를 돌파했다. 영화가 내려갈 때까지 전 세계적으로 벌어들인 돈은 18억 달러에 이르렀고, 역대 흥행 순위 1위를 기록했다. 12년 후 더욱 야심찬 짐의 도전작 《아바타》에 의해 깨질 때까지 그 기록은 유지되었다.

《타이타닉》과 《아바타》의 성공은 전력을 다하는 짐의 의지와 능력 덕분이었을까? 글쎄, 한 가지는 분명하다. 만약 그가 전력을 다하지 않았더라면 결과는 확실히 달라졌을 것이다. 목표를 추구할 때뿐만 아니라 목표를 세울 때에도 전력을 다해야 한다. 남들의 목표보다 크든 작든 상관없다.

만약 당신이 가족 중 최초로 대학에 진학한 사람이라면, 대학생활 내내 술만 마시며 빈둥거리다가 졸업장만 받고 졸업해서는 안 된다. 대학에서 인생을 바꿀 무언가를 배우겠다고 다짐해야 한다. 진정으로 더 나은 사람이 되겠다는 꿈을 가져야 한다. 그저 졸업하는 것이 아니라, 우수한 성적으로 졸업하겠다는 목표를 세워야 한다.

경찰이 되고 싶다면, 경찰 배지나 연금을 목표로 삼지 말고 경찰서장을 목표로 삼아라. 다른 이들을 도와주고 모범을 보이는 것을 지향하라.

전기기사나 자동차 정비사가 되려 한다면, 단순히 사업체를 차리는 것을 목표로 하면 안 된다. 그러면 그 이상을 배울 마음이 사라지고 경력은 쌓이지 않는다. 지역사회에 공헌하겠다는 마음가짐으로 진지하게 기술을 배우고 능력을 갈고 닦아라.

가장 큰 목표가 부모가 되는 거라면, 자녀에게 돈을 쓰고 필요한 것을 제공한 것으로 충분하다고 생각해선 안 된다. 훌륭한 본보기가 되어 그들이 건강하고 사랑이 넘치는 아이로 자라날 수 있게 해줘야 한다. 나아가 아이들이 세상에 나가 스스로 위대한 일을 해낼 수 있도록 이끌어줘야 한다.

무엇을 하든 간에 제대로 하라는 말이다. 전력을 다해야 하는 이유는 성공을 보장받기 위해서가 아니라, 부족함이 없도록 하기 위해서다. 내가 최선을 다하지 않으면 고통받는 건 나 자신만이 아니다.

진부하지만, 이런 격언도 있지 않은가? "달을 향해 쏴라. 빗나가더라도 별 사이로 떨어질 테니." 누가 이 말을 했는지는 몰라도 천문학자는 아닌 게 분명하다. 요점은 이렇다. 목표를 높이 잡고 전력을 다하면, 설령 부족한 점이 있더라도 괜찮다. 목표에는 도달하지 못했어도 여전히 훌륭히 해낸 것이니까. 대학을 졸업하든, 경찰관이나 기술자가 되든, 부모가 되든, 무엇이 되었든 결국 이뤄냈을 테니까.

반대의 경우도 사실이다. 어쩌면 이게 더 중요한 진실일지 모른다. 목표를 낮게 잡으면 위대한 성취는 저절로 물 건너간다. 그저 괜찮은 수준을 넘어 최고를 향해 전력 질주할 동기, 작은 것 하나까지 세심히 신경 쓸 이유가 사라지기 때문이다.

만약 내가 미스터 오스트리아나 미스터 유럽에 만족했다면, 앞톱니근의 선명함이나 종아리 근육의 크기 같은 걸 굳이 신경 쓰지 않았을 것이다. 그랬다면 미스터 올림피아 대회에서 우승하는 일도 없었겠지. 제임스 카메론 감독이 그저 타이타닉호를 배경으로 한 재미난 모험 영화를 만드는 것에 만족했더라면, 어차피 관객들은 관심도 없고 보이지도 않는 찻잔 문양이나 대사 한 마디 없는 엑스트라들에게 배경 이야기 같은 건 언급도 하지 않았을 것이다. 그랬다면 《아바타》라는 걸작도 탄생하지 못했겠지.

물론 미스터 오스트리아가 되는 것이나 그런대로 재미있는 배 침몰 영화를 만드는 것도 가치 있는 목표다. 별 특별할 것 없이 대학을 졸업하고, 평범한 자동차 수리점을 차리고, 보통의 부모가 되는 것 역시 충분히 자랑스러워할 만한 일이다. 하지만 꿈의 크기와 상관없이, 자신이 할 수 있는 최선을 다하지 않는다면, 필요하다면 운동복 바지 다리를 잘라버리는 결단을 내리지 않는다면, 결국 스스로에게 실망하고 말 것이다. 스토아 철학자 세네카는 이렇게 말했다. "내가 보기에, 역경을 겪어보지 않은 사람만큼 불행한 사람은 없다. 그들은 시련을 통과해본 적이 없기 때문이다."

꿈을 가로막는 목소리에는 이렇게 대응하라

분명 당신과 당신의 꿈에 의구심을 제기하는 사람들이 있을 것이다. 그들은 "절대 안 돼"라고 단언한다. 당신에겐 그럴 능력이 없다느니, 애초에 불가능한 일이라느니 하면서 말이다. 꿈이 클수록 그런 사람들을 더 자주 만난다.

역사상 위대한 업적을 남기거나 누구보다 창의적이었던 이들 역시 그런 의심에 찬 목소리를 견뎌내야만 했다.『파리 대왕』의 작가는 출판사로부터 21번이나 거절당했다. J. K. 롤링의『해리 포터』시리즈는 12번 퇴짜를 맞았다. 위대한 만화가 토드 맥팔레인은 여러 출판사에서 무려 350번이나 거절을 당했다. 앤디 워홀은 뉴욕현대미술관에 자신의 그림을 기증했다가 도로 돌려받기까지 했다!《대부》의 제작자들은 프랜시스 포드 코폴라 감독의 비전이 마음에 들지 않는다며 여러 차례 그를 해고했다. U2와 마돈나 역시 수없이 거절당한 끝에야 레코드사와 계약할 수 있었다.

비즈니스 세계에서도 이런 일은 비일비재하다. 에어비앤비 창업자들은 첫 투자금을 유치하려 할 때 7명의 투자자로부터 모두 거절당했다. 스티브 잡스는 자신이 세운 회사에서 쫓겨났고, 월트 디즈니의 첫 애니메이션은 회사를 파산 직전까지 몰고 갔다. 넷플릭스는 블록버스터에 5,000만 달러 인수를 제안했다가 조롱과 함께 거절당했다. 알리바바의 창업자 마윈은 하버드 대학에 10번이나 지원했지만 번번이 떨어졌고, KFC에 취직하려다 탈락하기도 했다. 20세기 최고의 기술혁신을 이끈 아이디어들 대부분이 처음에는 '똑똑한' 사람들로부터 어리석고 비현실적이며 멍청하다는 비난을 받았다. 획기적인 노틸러스 운동기구 Nautilus(사용자의 신체에 맞게 조절 가능한 시트와 패드, 그립 등을 제공해 다양한 체형의 사람들도 편하고 안전하게 사용하고, 전신 근육을 골고루 단련할 수 있게 설계한 현대식 웨이트 트레이닝 머신의 원조—편집주)를 발명한 아서 존스는 이런 거절의 편지를 받은 적이 있다. "모든 근육을 골고루 발달시킬 수 있다고요? 그건 불가능한 일입니다. 어림도 없습니다."

이들의 공통점은 의심과 회의에 맞섰지만 결코 포기하지 않고 꿋꿋이 앞으로 나아갔다는 것이다.

삶을 살다 보면 당신을 의심의 눈초리로 바라보는 사람들을 만나게 될 수밖에 없다. 그런 회의론자들이 당신 삶에 영향력을 행사하도록 내버려두어선 안 된다. 그들이 나쁜 사람들은 아니지만, 목표를 향해 달려가는 이들에겐 필요 없는 존재다. 그들은 자신이 모르거나 익숙하지 않은 것을 만나면 두려워한다. 위험을 감수하고 도전하는 일을 겁낸다. 당신처럼 용기를 내본 적이 없다. 원하는 삶에 대해 원대한 비전을 그려보고, 그걸 실현할 구체적인 계획을 세워본 적도 없다. 살면서 단 한 번도 전력을 다해 본 경험이 없다.

어떻게 그렇게 잘 아느냐고? 그들이 경험해봤다면, 절대로 당신더러 불가능하다고, 포기하라고 하지 않을 테니까. 오히려 격려와 응원을 보냈을 것이다. 지금 내가 하는 것처럼 말이다!

회의론자들은 당신도, 당신의 꿈도 이해하지 못한다. 꿈을 좇으며 분투해본 적이 없으니까. 그러니 스스로에게 물어야 할 질문은 이것이다. "도대체 내가 왜 그런 사람들의 말을 들어야 하지?"

대답은 간단하다. 들으면 안 된다. 무시해야 한다. 오히려 그 말을 새겨듣고 동기부여의 재료로 삼는 편이 더 낫다.

1975년, 마지막 미스터 올림피아 대회가 다가올 무렵 나는 여러 국가의 보디빌딩 및 피트니스 잡지 기자들은 물론 주요 매체들과도 많은 인터뷰를 했다. 모두가 동일한 질문을 두 가지 던졌다. 보디빌딩을 그만두려는 이유가 무엇인지, 그리고 앞으로의 계획이 무엇인지. 나는 모두에게 같은 대답을 했다. 그것이 바로 진실이었으니까. 보디빌딩이라는 스포츠에서 내가 꿈꿨던 것 이상을 이루었고, 무엇보다 즐거움이야말로 내가 보디빌딩을 하는 가장 큰 이유였는데 이제는 대회에서 우승하는 것이 예전처럼 즐겁지 않아 새로운 도전을 갈망한다고. 그래서 앞으로 보디빌딩은 홍보 활동 정도만 하면서 연기에 매진해 주연급 배우가 되겠다고 말이다.

그때 배우가 되겠다는 나의 포부를 듣고 10년 후의 이반 라이트만 감독처럼 "당신이 그렇게 된 모습이 눈에 선하네요"라고 말해준 이는 거의 없었다. 긍정적인 반응은 손에 꼽을 정도였고, 대부분은 코웃음을 치며 눈알을 굴리거나 대놓고 비웃었다. 카메라맨을 비롯해 주변에 있던 사람들 사이에서도 웃음소리가 새어 나왔다. 그 웃음소리는 지금도 남아 있는 당시의 인터뷰 영상에서도 들을 수 있다.

하지만 나는 화나지 않았다. 오히려 사람들의 의구심이 반갑기까지 했다. 영화배우가 되고 싶다는 내 말에 사람들이 비웃어주길 바랐던 것이다. 그 비웃음이야말로 나를 자극하는 원동력이 될 터였다. 나에겐 그런 자극이 꼭 필요했는데, 그 이유는 두 가지였다.

첫째, 그 어떤 목표든 달성하기란 쉽지 않은 법이다. 하물며 내가 주연급 영화배우가 되는 건 누구에게라도 힘든 도전이었다. 더군다나 보디빌딩 선수 출신이라니. 나는 로스앤젤레스에서 한두 마디 대사를 위해 매일같이 오디션을 뛰어다니는 그저 그런 단역 배우가 되고 싶지는 않았다. 헤라클레스 같은 전설적 인물을 연기한 레그 파크나, 악당들을 물리치는 액션 영웅 찰스 브론슨 같은 배우가 되고 싶었다. 하지만 초창기 캐스팅 디렉터나 제작자들은 내가 어떤 연기를 하고 싶어 하는지 듣고는 깡패, 유흥업소 경비, 군인 배역 정도를 줄 수 있다고 했다. 마치 나는 그 정도에 만족해야 한다는 듯이 "전쟁영화에는 늘 나치 장교 역할이 필요하긴 해!"라는 소리까지 들었다.

미스터 올림피아에서 첫 우승을 거두기 전, 골드 체육관에서 훈련할 때도 이런 일이 있었다. 내가 배우의 꿈을 말하자 같은 체육관에서 운동하던 한 TV 스턴트맨이 "당장이라도 《호건의 영웅들》에 출연시켜 줄 수 있는데!"라고 했던 것이다. 물론 훌륭한 배우가 되기 위해서는 연기, 즉흥연기, 영어, 스피치, 댄스 등 다양한 수업을 받으며 엄청난 노력을 기울여야 한다. 그러나 나에겐 그뿐 아니라, 꿈을 가로막는 회의론자들을 이겨내고 앞으로 나아갈 강력한 동기부여도 필요했다.

둘째, 사람들의 의심과 조롱이 필요했던 이유는 그것이 나에게 통하는 방법이었기 때문이었다. 오스트리아에서의 어린 시절, 나에게 동기부여란 어떤 형태로든 부정적 강화(자동차에 시동을 걸면 시트벨트를 매라는 경고음이 울리는 것처럼, 어떤 행동을 했을 때 불쾌하거나 부정적인 상황을 제거해줌으로써 그 행동을 더 많이 하도록 만드는 것—옮긴이)의 형태였다. 아주 어릴 때부터 모든 것은 부정적이었다. 예를 들어, 내가 어릴 때 인기였던 『더벅머리 페터』라는 독일 동화책에는 말 안 듣는 아이들이 끔찍한 결말을 맞아 삶 자체가 망가지는 이야기 10편이 실려 있었다.

또 내가 자란 곳에서는 크리스마스이브에 성 니콜라우스가 착한 아이들에게 선물을 주러 크람푸스와 함께 찾아온다고 했다. 커다란 뿔이 달린 악마 같은 모습의 크람푸스는 말 안 듣는 아이들을 벌하고 겁주는 역할이었다. 내가 자란 탈 같은 작은 마을에서는 성 니콜라우스 축제 때 아빠들이 크람푸스 분장을 하고 동네 아이들을 찾아다녔다. 나를 찾아온 크람푸스는 바로 아래층에 사는 아저씨였고, 우리 아버지도 크람푸스로 변장해 여러 집을 다녔다.

크람푸스와 『더벅머리 페터』는 아이들을 얌전하게 만드는 데 효과 만점이었다. 그런데 사고방식이 좀 특별한 몇몇 아이들에 겐 이런 부정적 강화가 다른 결과를 낳았다. '착하게' 굴게 한 게 아니라, 오히려 새로운 곳을 향한 도전 의식을 불러일으켰던 것이다. 이곳을 벗어나 더 크고 넓은 세상으로 나아가게 했다. 나 역시 그런 아이 중 하나였다. 어릴 때부터 부정적인 말을 들 을 때마다 그걸 동기부여로 바꿔버렸다. 나에게 있어 벤치프레 스로 500파운드(약 227킬로그램)를 들어 올리게 하는 가장 빠른 방법은, 그게 절대 불가능하다는 말을 듣는 거였다. 영화배우의 꿈을 이루는 지름길 역시 내 계획을 들은 사람들이 비웃으며 절 대 안 된다고 하는 거였다.

목표를 향해 가는 길에서 만나는 부정적인 회의론자들을 어 떻게 대할지는 당신의 선택이다. 무시할 수도 있고, 동기부여로 삼을 수도 있다. 하지만 절대로, 정말 절대로 그들의 "안 돼"라 는 말을 곧이곧대로 믿어서는 안 된다.

내 사전에 플랜 B는 없다

2003년, 캘리포니아 주지사로 당선되자마자 나에게는 내가 뭘 하든 반대하는 수십 명의 회의론자들이 생겼다. 바로 상원과 하원 의원들로 구성된 의회, 즉 캘리포니아주 입법부였다. 민주당 의원들은 내가 공화당원이라는 이유만으로, 다음 세대에 부담을 주지 않고 정해진 예산 안에서 정부를 운영하려 한다는 나의 입장을 듣지 않았다. 반면, 공화당 의원들은 환경, 총기 소지법, 의료 개혁에 관한 내 입장이 마음에 들지 않는다며 나를 신뢰하지 않았다. 그런 상황에 발을 들여놓는 것 자체가 쉽지 않았지만, 그들의 반대를 무시하고 옆으로 제쳐둘 필요가 있었다. 내 임무는 모두와 함께 손잡고 캘리포니아 주민들에게 이로운 법안을 통과시키는 것이었으니까.

타협이 필요했다. 주민들을 실망시키거나 삶을 더 고달프게 만들지 않는 선에서, 나는 의회와 타협점을 찾아 모두가 공감하는 목표가 담긴 법안을 통과시키려 애썼다. 시간이 흐르면서 의원들도 내가 합리적이고 사려 깊으며, 정당의 이익보다 공평성을 우선시한다는 걸 인정해주기 시작했다. 결국 우리는 힘을 모을 수 있었다. 문제 해결을 위해 고군분투하던 초반 몇 년간, 회의가 끝날 때마다 주지사로서 해야 할 일에 대한 새로운 통찰이 선명해지는 순간들이 있었다.

보통은 이런 식이었다. 내가 제안한 법안에 대해 의논하기 위해 의원을 만난다. 비용과 지역구 주민들에게 어떤 도움이 될지 설명하고, 지지를 부탁한다. 의원은 그런 법안이 오래전부터 필요했다며 자신의 지역구 유권자들에게 큰 도움이 될 거라고 화답한다. 그러나 곧바로 말을 돌린다. 의자에 기대 이렇게 말하는 것이다. "법안 내용은 좋습니다만… 제 지역구로 가져갈 순 없을 것 같군요."

당시 이런 정치적 말장난에 익숙하지 않았던 나는 어리둥절했다. "지역구로 가져갈 순 없다"라는 게 무슨 뜻일까? 그냥 비행기 타고 지역구로 돌아가 사무실에 앉아, 새크라멘토에서 우리가 하려는 일을 유권자들에게 설명하면 되는 것 아닌가?

그러자 의원은 이렇게 설명했다. 이 법안을 유권자들에게 가져가면 다음 선거에서 같은 당 후보에게 질 거라고. 이 법안을 지지하는 건 자신이 진보적이거나 보수적이지 않다는 증거가 된다고. 지금 자신은 '안전한 자리'에 있는데, 이 법안을 지지하면 그 자리가 위태로워진다는 것이었다.

한마디로 의원들은 자신들의 선거구가 정당에 유리하게 획정된 '게리맨더링'gerrymandering의 영향력에 대해 말하고 있었다(게리맨더링이란 정당이 선거에서 이길 수 있도록 선거구 경계를 의도적으로 조작하는 것을 뜻한다. 예를 들어, 한 정당의 지지자들을 하나의 선거구에 몰아넣어 그 당이 압승하게 만들거나, 반대로 경쟁 정당의 지지자들을 여러 선거구로 쪼개 다수를 점하지 못하게 하는 식이다—편집주).

충격적이게도 이런 게리맨더링은 캘리포니아뿐 아니라 미국 전역에서 200년이 넘는 세월 동안 광범위하게 영향력을 행사해왔다. 자신들에게 유리한 선거 결과를 만들어내기 위해 정치인들은 10년마다 선거구를 조작해온 것이다. 이로 인해 의미 있는 법안들이 제대로 통과되지 못하는 경우가 비일비재했다. 선거구 획정이 유권자들의 의사를 충실히 반영하기보다는 정치인들의 이해관계에 따라 왜곡되어 온 까닭이었다.

이 문제의 심각성을 깨닫게 된 나는 선거구 지도를 바로잡아야겠다고 결심했다. 유권자들의 뜻이 공정하게 반영되는 선거구 획정, 그것이야말로 주지사인 내가 추구해야 할 중요한 목표가 되었다.

2005년, 나는 선거구 재조정 개혁안을 주민 투표에 붙였다. 그때 양당의 반응을 보면 마치 내가 성조기 배지 공급이라도 막으려 든다고 생각했던 모양이다. 아무도 찬성하지 않았던 것이다. 많은 정치인이 격분했고, 모두가 불가능할 거라며 실패를 단언했다.

그게 그들의 첫 번째 실수였다. 2005년 투표에서 선거구 재조정 법안이 부결되자, 그들은 이제 끝난 일처럼 행동했다. 내가 이 문제를 포기하고 다른 우선순위로 넘어갈 거라 여겼던 것이다. 이것이 그들의 두 번째 오판이었다. 선거구 재조정처럼 마음속에 선명하고 확고한 목표로 자리 잡은 것이 있으면 나는 결코 포기하지 않는다. 버리지도, 타협하지도 않는다. 플랜 B 같은 건 없다. 내게 플랜 B란 오직 플랜 A를 성공시키는 것뿐이다.

선거구 재조정 역시 결국 성공을 거뒀다.

그 후 3년간 나는 이 문제를 수없이 제기했다. 게리맨더링에 대해 진솔한 대화를 나누고자 하는 이들을 가리지 않고 만났다. 다양한 배경을 가진 사람들에게서 진정한 변화를 이끌어낼 최선의 방안이 무엇인지 물었다. 그렇게 쌓인 노력의 결과물들을 모아 2008년 선거에서는 2005년보다 훨씬 더 혁신적인 선거구 재조정 개혁안을 제시했다. 전에는 19퍼센트 차이로 패했지만, 이번에는 두 배가 넘는 표 차이로 승리를 거뒀다. 불과 3년 만에 유권자들의 지지율을 두 배 이상 올려, 선거구 획정권을 주민의 손에 되돌려줄 수 있었다.

목표를 높이 잡아야 이런 일이 가능해진다. 한 치의 물러섬 없이 반대자들을 무시하고 목표에 올인해야 한다. 그럴 때 당신과 당신이 아끼는 이들에게, 세상이 불가능하다고 말했던 놀라운 일이 일어난다.

분명히 말하지만, 위대한 성취는 결코 플랜 B에서 나오지 않는다. 진정 중요하고 인생을 바꾸는 일들은 플랜 B로 이뤄지지 않는다. 오히려 커다란 꿈에는 플랜 B가 위험할 수 있다. 플랜 B는 실패의 가능성을 염두에 둔 계획이기 때문이다. 플랜 A가 목표를 향해 새로운 길을 개척해나가는 것이라면, 플랜 B는 가장 쉽고 뻔한 길을 택하는 것이다. 지름길이 있다는 걸 알고 받아들이게 되면, 상황이 조금만 힘들어져도 그쪽으로 눈길이 가게 마련이다. 플랜 B는 있어선 안 된다! 대안을 마련하는 순간, 당신은 회의론자들의 의심을 용인하고 동의함으로써 스스로 꿈을 축소하는 셈이다. 거기에 당신마저 자기 자신의 반대자가 되어선 곤란하다. 꿈을 좇는 여정에는 이미 반대자들로 넘쳐나는데, 굳이 한 명을 더 추가할 필요는 없지 않은가.

나는 목표를 크게 잡는다

에드먼드 힐러리 경이 최초로 에베레스트 정상을 정복하고 베이스캠프로 내려왔을 때, 기자들이 세계 최고봉에서 바라본 풍경이 어땠는지 물었다. 그는 최고였다고 답했다. 그곳에서 아직 오르지 않은 히말라야의 또 다른 봉우리들이 보였고, 다음번엔 그 산들을 정복할 생각에 들떠 있었다고 말이다.

정상에 오르면 세상과 인생이 완전히 새로운 시야로 다가온다. 이전엔 보이지 않았던 도전들이 눈에 들어오고, 과거의 도전들도 새롭게 느껴진다. 엄청난 승리를 거둔 후엔 모든 난관이 정복 가능해 보인다. 힐러리 경도 기자들에게 밝혔듯 에베레스트 등정 후 계속해서 새로운 봉우리를 오르며 도전을 이어갔다. 나 역시《터미네이터》와《프레데터》의 성공에 힘입어《트윈스》, 《유치원에 간 사나이》등 코미디 영화에 출연해 최고 흥행 성적을 거뒀다. 미켈란젤로는 '다비드' 조각상을 완성한 후에도 시스티나 성당 천장에 웅장한 르네상스 걸작 벽화를 그렸다. 일론 머스크는 페이팔 공동설립자로 거둔 성공에 만족하지 않고, 스페이스X와 테슬라를 통해 우주여행과 전기차 혁명을 주도했다.

꿈 하나를 이루면 더 먼 곳을, 더 세세히 바라볼 수 있는 힘이 생긴다. 지평선 너머 새로운 가능성과 자신의 잠재력이 선명하게 보이기 시작한다. 그래서 크게 성공한 사람들은 좀처럼 은퇴 후 조용히 사라지지 않는다. 대부분 계속해서 한계를 뚫고 더 큰 꿈을 좇아간다. 어려운 일을 해내고 뿌듯함을 맛본 순간을 떠올려보라. 그 후 당신은 도전을 멈췄는가? 아마 그렇지 않았을 것이다. 성공이 새로운 도전에 대한 자신감을 불어넣었을 테니까. 위대한 이들도 마찬가지다. 물론 다음 도전이 이전의 최고 성취를 뛰어넘지 못할 수도 있다. 히트곡이 하나뿐인 스타, 걸작이 한 권뿐인 작가, 대작 한 편으로 이름을 날린 감독이 많듯이 말이다. 그래도 그들은 꿈꾸고 노력하길 멈추지 않는다. "한 번 성공했으니 이젠 됐어"라고 생각하지 않는다. 살아 있는 한 원하는 삶과 비전을 이루기 위한 노력을 멈추지 않는다.

목표를 높이 세우고 이뤄내면 우리는 분명 달라진다. 적어도 내겐 그랬다. 그 기분은 중독성마저 있었다. 한계란 오직 내 마음 안에만 존재한다는 사실을, 우리의 잠재력은 무한하다는 진실을 깨달았기 때문이다. 장벽을 뚫고 새 길을 개척하는 모습은 주변 사람들에게도 잠재력의 위대함을 일깨운다. 이 영향력 또한 엄청나다. 내가 큰 꿈을 이루면 다른 이들의 꿈도 현실이 될 수 있음을 보여주니까.

1953년 5월 29일, 에드먼드 힐러리 경과 셰르파 텐징 노르가이가 마침내 에베레스트 정상을 밟기 전까지 32년 동안 9번의 시도가 있었지만, 모두 실패로 돌아갔다. 하지만 그들의 쾌거 이후 불과 3년 만에 스위스 출신의 산악인 4명이 다시 정상을 답파했다. 최초 등정까지 32년이 걸렸지만, 그 후 32년간 무려 200명이 넘는 사람들이 뒤를 이어 성공했다. 힐러리 등정 하루 전, 캐나다 출신 역도선수 더그 헵번은 세계 최초로 벤치프레스 500파운드(약 227킬로그램)을 들어 올렸다. 그때까지 수십 년간 벤치프레스 500파운드는 신화에 가까운 기록이었다. 그러나 새 기록이 수립된 지 10년도 안 돼 브루노 삼마르티노가 565파운드(약 256킬로그램)로 헵번의 위업을 뛰어넘었다. 나 역시 525파운드(약 238킬로그램)를 들어본 적 있다. 이후 신기록은 수차례 경신돼, 현재는 750파운드(약 340킬로그램)를 훌쩍 넘어선다.

내 삶에서도 이런 과정이 있었다. 내가 떠나기 전까진 오스트리아에서 미국행을 감행하는 이가 거의 없었다. 기껏해야 독일의 공장으로 일하러 가거나, 좀 모험을 즐기는 이들이 런던에 취직하는 정도였다. 그런데 내가 미스터 올림피아를 연이어 석권하고 《코난》에 출연한 후로는 LA 곳곳에서 오스트리아인과 독일인들을 만날 수 있게 됐다. 그들은 한때 내가 레그 파크의 기사에 매료됐듯, 이제는 나에 관한 이야기를 읽고 미국 피트니스 업계나 영화계에 진출하고자 건너왔다. 어느새 내가 그들에게 미국으로 가는 길을 열어준 셈이 되었고, 그들은 자신의 노력으로 그 길을 걸어갔다.

정신 나간 것처럼 보일 정도로 커다란 목표를 세우더라도 두려워하지 말아야 한다. 그 목표에 전력을 다해 반드시 성공하고야 마는 사람들이 있다. 그들은 지켜보는 이들에게도 강렬한 영감을 준다. 그들조차 알지 못했던 잠재력을 마법처럼 해방해준다. 꿈을 갖고 노력하면 못할 게 없다는 교훈을 남기는 것이다.

레그 파크는 영국의 작은 공업 도시 출신으로 미스터 유니버스이자 영화배우가 됐다. 내가 못 할 이유가 있을까? 수백만 유럽 이민자들은 꿈과 여행 가방만 가지고 신대륙에 건너가 원하는 삶을 살았다. 내가 못 할 이유가 있을까? 로널드 레이건은 영화배우에서 캘리포니아 주지사로 변신했다. 내가 못 할 이유가 있을까? 내가 이 모든 것을 해냈는데, 당신이라고 못 할 이유가 있을까?

물론 내가 약간 미쳤다는 건 인정한다. 무슨 일을 하든 평범하게 하지 않으니까. 꿈도 평범하진 않다. 아무리 큰 위험이 따르더라도 거대한 목표와 새로운 도전을 마다하지 않는다. 나는 뭘 하든 크게 한다. 보디빌더 시절에는 하루에 두 차례, 4~5시간씩 훈련에 매달렸다. 배우가 되어서는 도박 수준의 블록버스터 영화에 도전장을 내밀었다. 정치인으로서 첫 임무이자 유일한 과제는 세계 6위 규모의 경제 시스템을 잘 돌아가게 하는 것이었다(캘리포니아주의 2022년 명목 GDP는 약 3조 6천억 달러로, 미국에서 가장 크며, 국가별 순위로 포함한다면 2022년 기준으로 세계 5위에 해당한다—편집주). 자선사업가로는 환경오염 문제 해결에 주력해왔다. 병든 지구를 치유하는 게 궁극적 목표다.

나는 목표를 크게 잡는다.

가끔은 호기심이 든다. 목표를 크게 세우지 않았더라면 지금쯤 어떤 삶을 살고 있을까? 만약 내 꿈이 작았다면 어떻게 됐을까? 오스트리아에 남아 아버지처럼 경찰이 되었다면? 보디빌딩을 하지 않았거나 천직이 아닌 그냥 취미로만 즐겼다면? 영화 제작진이 권유한 대로 이름을 바꿨다면, 영화배우의 꿈을 고백했을 때 기자들의 조롱에 마음이 흔들렸다면 내 인생은 어떻게 되었을까? '그럭저럭 괜찮은' 정도로 만족했다면 나는 지금 어떤 모습일까?

잘 모르겠다. 알고 싶지도 않다. 목표를 낮게 잡고, 전력투구하지 않고, 다른 이들의 의견에 좌우되며 사는 것 자체가 나에겐 느리고 고통스럽게 죽어가는 것과 다를 바 없기 때문이다. 난 절대 그런 삶을 원치 않는다. 당신도 그래야 한다.

왜 어중간한 목표를 세우는가? 온 힘을 다해 자신의 한계를 시험해보기도 전에 왜 '그런대로 괜찮은' 정도에서 타협하는가? 어차피 잃을 것도 없지 않은가? 목표를 높이 설정한다고 해서 그만큼 더 많은 에너지가 필요한 것도 아니다. 종이와 펜을 들고 자신의 비전을 적어보라. 그리고 지운 뒤 배로 키워 다시 써보라. 더 힘들었는가?

크게 생각하는 건 작게 생각하는 것보다 전혀 어렵지 않다. 다만 스스로에게 과감한 목표 설정을 허락하는 게 어려울 뿐이다. 크게 잡아보라고 내가 허락하겠다. 아니, 어쩌면 명령이다. 인생의 목표와 비전을 세우는 건 자신만의 문제가 아니기 때문이다. 우리는 주위 사람들에게 지대한 영향을 미친다. 우리가 새로운 길을 개척해 나아갈 때, 모르는 사이에 다른 이들이 따라올 길을 만든다.

가장 중요한 건 원대한 꿈을 꾸고 전력을 다해 매진하는 것이다. 걸림돌을 만났다고 쉽게 포기해선 안 된다. 자신의 행복과 성공을 위해서도 필수적이지만, 이는 세상을 변화시키는 힘이기도 하다. 우리는 자신을 넘어 아주 멀리까지도 영향을 끼칠 수 있다.

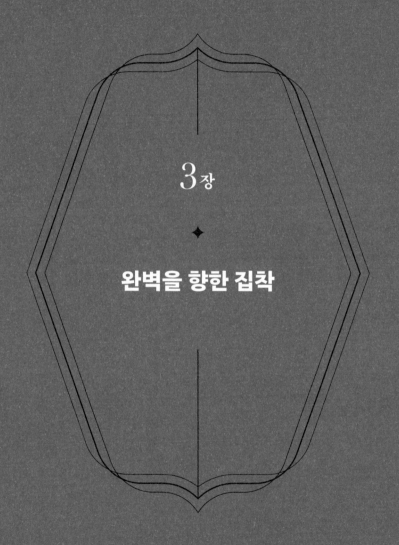

ARNOLD SCHWARZENEGGER

3장

완벽을 향한 집착

Be Useful

단언하건대, 당신과 나에게는 많은 공통점이 있을 것이다. 우리는 이 세상에서 가장 강한 사람도, 가장 똑똑하거나 가장 부유한 사람도 아니다. 가장 빠르지도, 대단한 인맥도 없다. 가장 잘생기거나 예쁘지도 않고, 가장 재능이 뛰어나거나 최상의 유전자를 타고나지도 않았다. 하지만 우리에겐 많은 이들이 갖지 못한 것이 있다. 그건 바로 노력하려는 의지다.

이 세상에 불변의 진리가 있다면, 노력을 대신할 수 있는 건 아무것도 없다는 것이다. 땀 흘려 애쓰지 않고도 원하는 것을 얻거나 꿈을 이루는 지름길, 성장 비결, 마법의 묘약 같은 건 없다. 태초부터 인간은 힘든 과업 앞에서 쉽게 해결하거나 단계를 뛰어넘을 방법을 찾고자 발버둥 쳤다. 그러나 그런 사람들은 결국 뒤처지고 추월당할 수밖에 없다. 가치 있는 목표 달성에 100퍼센트 효과적인 유일한 방법은 죽도록 열심히 노력하는 것뿐이기 때문이다.

보편적으로 공감할 만한 목표를 예로 들어보자. 부자가 되는 것 말이다. 놀랍게도 복권에 당첨되거나 대대로 부유한 집안에서 자란 사람들은 대개 매우 불행하다. 로또 1등 당첨자의 70퍼센트가 5년 내 파산한다는 통계도 있다. 부유한 가문 출신들의 우울증, 자살, 알코올 및 약물 중독 비율은 중산층이나 자수성가한 이들보다 훨씬 높다.

근본적인 원인은 무엇일까? 하루아침에 거금을 손에 쥔 복권 당첨자나 부모 재산을 그대로 물려받은 부자들은 큰 목표를 향해 분투하는 과정에서 얻는 소중한 경험이 없기 때문이다. 돈 버는 일이 얼마나 보람찬 일인지 몸소 느껴보지 못한 채, 그저 거액의 돈이라는 결과물만 공짜로 얻기 때문이다. 고난과 실패가 가르쳐주는 값진 교훈도, 그 교훈을 발판 삼아 꿈을 이뤄내는 쾌감도 맛보지 못한다.

만약 에드먼드 힐러리 경이 1953년 봄, 두 달에 걸친 혹독한 등정 대신 헬리콥터를 타고 에베레스트 정상에 내려앉았다고 상상해보라. 과연 그 광경이 여전히 그토록 아름다웠을까? 저 아래 보이는 산맥들에 눈길이라도 갔을까? 당연히 아니다. 한계를 넘어서까지 자신을 몰아붙이고 자신조차 몰랐던 능력치를 확인하는 경험을 직접 해야 한다. 누구도 대신해줄 수 없다는 마음으로, 지금의 역경이 성장의 디딤돌임을 알고 앞으로 나아가야만 한다. 같은 결과물이라 해도, 땀 흘려 얻은 사람과 가만히 앉아 공짜로 받은 사람은 결코 같을 수 없다.

노력은 결코 배신하지 않는다. 당신이 어떤 이든, 어떤 목표를 좇든 이것은 절대불변의 법칙이다. 내 인생 전체가 이 법칙으로 만들어졌다.

나는 최고의 보디빌더가 되겠다는 꿈을 향해 15년간 매일 5시간씩 훈련에 매진했다. 미국에 건너온 후에는 훈련 강도를 한층 높이고 이중 분할 훈련법을 고안해냈다. 아침과 저녁으로 나눠 하루에 2시간 30분씩, 전체 루틴을 두 차례나 소화한 것이다. 훈련 파트너도 두 명이나 필요했다. 그렇게 하루에 두 번씩 전력투구할 사람이 없었기 때문이었다. 아침에는 프랑코와, 저녁에는 에드 코나나 데이브 드레이퍼와 호흡을 맞췄다.

나만큼 보디빌딩에 미친 사람이 없었다. 절정기에는 단 한 번 운동할 때 드는 전체 웨이트가 4만 파운드(약 18,100킬로그램)에 달했다. 대형 트럭 무게에 필적하는 수준이었다. 대다수는 그 정도까지 고통을 감내하며 노력하길 꺼린다. 하지만 나는 오히려 그 고통을 갈망했고, 훈련에 매달리는 시간 자체를 즐겼다. 오스트리아 시절 첫 트레이너는 고통을 즐기는 내가 마치 괴물

같다고 했다. 어쩌면 그 말이 맞았을 것이다.

보디빌딩 은퇴 후 영화배우로 전향하면서, 매일 운동에 투자하던 5시간을 이제는 주연급 배우로 성공하기 위한 노력에 쏟아 부었다. 연기와 영어, 스피치, 악센트 교정 수업을 받았다. 그중 악센트 교정 수업 비용은 아직도 환불받고 싶을 정도로 허탕이었지만 말이다. 셀 수 없이 많은 미팅에 참석하고 무수히 많은 대본을 읽었다. 나쁜 대본, 좋은 대본, 훌륭한 대본을 가려내는 안목을 기르기 위해 제안받은 작품은 물론, 손에 잡히는 대본은 모조리 탐독했다.

여기에 그치지 않았다. 매 영화 촬영 시 기본적인 각본 이해와 대사 암기를 넘어, 그 작품에 특화된 구체적인 노력도 병행했다.《트윈스》를 찍을 때는 춤과 즉흥연기를,《터미네이터》에서는 기계적인 동작을 연마했다. 총을 이용한 액션을 눈감고도 할 수 있도록 눈가리개를 하고 연습했고, 총 쏠 때 눈 깜박임 없이 견딜 때까지 사격장에서 살다시피 했다.《터미네이터 2》에서는 2초 컷에 불과한 '회전하며 산탄총 재장전하기' 장면 하나를 위해 손가락에서 피가 날 때까지 연습에 매진했다. 단 한 번도 불평하지 않았다. 근육질 보디빌더라는 과거의 틀을 깨고 주연급 배우이자 액션스타로 거듭나려면 그 모든 게 필수적인 과정이었으니까.

정치에 입문한 후에도 내 원칙은 변함없었다. 2003년 선거운동 당시, 캘리포니아주의 모든 주요 사안과 관련된 브리핑 자료를 닥치는 대로 탐독했다. 각 브리핑 자료에는 최고의 전문가들이 작성한 상세 보고서가 빼곡했다. 평소 한 번도 고민하거나 관심을 가져본 적도 없고, 심지어 의사결정을 하게 되리라고는 상상도 못 한 사안들이었다. 이를테면 탄피에 총기 번호를 새겨 식별하게 하는 마이크로스탬핑microstamping 기술이라든가, 지역별 간호사 대비 환자 비율 같은 것 말이다. LA 베니스 언덕에서 아침 운동을 마치고 나면, 국정 운영과 정책, 주민들에게 중대한 영향을 끼치는 그 어떤 분야라도 가르침을 줄 수 있는 인사들을 집으로 초청했다. 유권자들에게 약속한 새로운 스타일의 정치인이 되기 위해 모든 걸 쏟아부었다. 언젠가는 보디빌딩에, 그다음엔 연기 수업에 투자했던 그 5시간이, 이제는 정치와 정부의 언어에 몰입하는 시간으로 바뀌었다. 나는 매일 마치 타국 언어를 배우기 위해 유학 온 학생처럼 공부하고 또 공부했다. 메모한 내용을 몇 번이고 복기했고, 자연스럽게 입에서 털털 튀어나올 때까지 외워서 말하곤 했다.

내가 걸어온 모든 경력 단계에서 기울인 노력—반복과 고통, 완성과 장시간의 투자—엔 항상 일관된 목적이 있었다. 당신이 인생에서 이루고자 하는 목표가 무엇이든 간에 마찬가지일 것이다. 창업이든 결혼이든, 농사든 시계 제작이든, 세계 일주든 승진이든, 올림픽이든 공장 조립라인 관리든, 비영리 단체 설립이든, 그 어떤 목표라도 노력의 진짜 목적은 오직 하나, 철저한 준비다. 스포트라이트가 당신을 비추고, 기회가 문을 두드리고, 카메라가 돌아가고, 위기가 닥쳐올 때, 당신이 해야 할 일을 제대로 해내기 위한 준비 말이다. 물론 노력 그 자체로도 큰 가치와 의미가 있다.

하지만 우리가 전력을 다해야 하는 진짜 이유는, 꿈을 이룰 절호의 찬스가 왔을 때, 비전을 현실로 만들 순간이 찾아왔을 때, 당황해 망치지 않고 제대로 해내기 위함이다.

반복, 반복, 반복

보디빌딩을 시작한 이래로 나에게 노력은 곧 반복을 의미했다. 단순히 횟수만 채우는 게 아니라 꼼꼼히 기록하고 관리했다. 오스트리아 그라츠의 동네 역도 클럽에서 운동할 때부터 칠판에 세트와 횟수를 빠짐없이 적어가며 끝까지 소화해냈다. 세월이 흘러 영화를 준비할 때도 시나리오를 읽은 횟수를 표지에 빗금으로 표시하곤 했다. 대사를 완벽히 외울 때까지 반복해서 읽었다. (내가 대사를 까먹은 적이 딱 한 번 있는데, 《트윈스》 촬영장에서 데니 드비토가 내가 점심을 먹은 후에 꼭 피우는 시가를 대마초로 바꿔치기하는 장난을 쳤을 때였다.) 주지사 시절은 물론 지금도 졸업식 축사나 기조연설을 앞두고 원고 첫 장에 읽은 횟수를 적어둔다. 10번 읽으면 실전에서 그럭저럭 해낼 수 있었고, 20번 읽으면 완벽하게 소화할 수 있었다. 즉석에서 진심을 담아 말하는 것처럼 자연스러웠다. 연습을 많이 할수록 그 순간에 온 마음을 쏟아부을 수 있고, 청중 역시 나와 내 메시지에 더 깊이 공감했다.

반복 훈련은 제대로 해야 효과가 있다. 정신을 딴 데 팔면서 흐트러진 자세로 시간만 때우면 아무 소용없다. 바른 자세로 처음부터 끝까지 완벽히 해내야 한다. 전력을 다해야 한다. 앞서 말했듯 "무언가를 하려거든 전력을 다해서 하라"Wenn schon, denn schon! 데드리프트든 기자회견이든 연설 연습이든 매번 온 정신을 집중해 최선을 다해야 한다. 사소한 실수 하나, 엉성한 동작 하나, 단어 하나를 잘못 써도 진전이 막힐 수 있다. 내 경험에서 우러나온 이야기다.

반복의 진짜 목적은 한층 더 강해지고, 견고한 기반을 다져 어리석고 안타까운 실수를 막는 데 있다. 감당할 수 있는 무게를 높여 정말 중요한 순간, 즉 연습한 걸 실전에서 보여줘야 할 때 성패에 대한 걱정 없이 그저 늘 해오던 대로 하면 되게끔 만드는 것이다. 시간을 들여 제대로, 충분히 연습하지 않으면 막상 큰 무대에서 실수하기 마련이다. 사소한 부분을 무시하고 대충 훈련하면 토대가 약해져 신뢰할 수 없다.

총기 훈련에서 "느린 게 부드럽고, 부드러운 게 빠르다"라는 말이 있는 이유다. 구급대원이나 소방관 같은 초동대응팀이 가장 기본적인 임무를 몸에 밸 때까지 집요하게 훈련하고 연습하는 이유이기도 하다. 그래야 대혼란과 예측 불가능한 상황이 닥쳤을 때—그런 일은 늘 생기게 마련이다— 무엇을 해야 할지 깊이 고민할 필요 없이 신속하고 효과적으로 대응할 수 있기 때문이다.

물론 그런 긴박한 상황은 흔치 않지만, 이 원칙은 거의 모든 분야에 공통으로 적용된다. 재즈 색소폰 연주자 존 콜트레인을 예로 들어보자. 그는 역사상 가장 위대한 즉흥 재즈 뮤지션 중 한 명으로 꼽힌다. '소리의 융단'sheets of sound이라 불리는 특유의 스타일을 개척했는데, 이는 색소폰 하나로 복잡한 화음들이 동시에 표현되는 듯한 효과를 내는 연주 방식이다. 1950년대 후반부터 60년대 초반까지 델로니어스 몽크나 마일즈 데이비스 같은 재즈 거장들과 함께 무대에 섰던 콜트레인은 매일 저녁 그의 색소폰에서 어떤 선율이 흘러나올지 아무도 예측할 수 없었다. 다만 한 가지 확실한 건, 그가 낮 시간 내내 미친 듯이 연습에 매진했다는 사실이다.

콜트레인은 쉬지 않고 연습했다. 당대의 또 다른 색소폰 연주자는 그가 "하루에 25시간"을 연습한다고 말할 정도였다. 256쪽에 달하는 교본『스케일과 멜로디 패턴의 유의어 사전』*Thesaurus of Scales and Melodic Patterns*을 정기적으로 뗏을 정도였으니 말이다. 이는 마치 이소룡 같은 무술 고수가 18시간 동안 "자동차에 왁스를 바르고 닦아내며", "담장을 페인트칠하는" 허드렛일을 반복하며(1984년 영화《베스트 키드》에 나오는 훈련법이다―옮긴이) 기본기를 다지는 것과도 같은 일이다. 콜트레인이 음색과 음량을 정확히 잡기 위해 단 하나의 음을 10시간 동안 연습했다는 일화도 있다. 아내는 그가 마우스피스를 문 채로 잠든 모습을 자주 목격했다고 한다. 콜트레인 자신도 한 인터뷰에서 어떤 아이디어에 몰두할 때는 몇 시간 동안 연습했는지조차 모를 정도로 종일 연습한다고 말했다.

그의 개인 연습과 무대 위 연주는 표면상 전혀 다른 형태의 예술처럼 보일 수 있지만 실은 긴밀하게 연결되어 있었다. 무대에서 선보이는 즉흥 연주가 마법처럼 느껴질 수 있었던 건 기본을 피나게 연습한 덕분이었다. 연습은 엄격하고 체계적이며 예측 가능하고 지루했지만, 정작 공연은 자유분방하고 즉흥적이며 탁월했다. 마치 음에 대해 생각할 필요조차 없는 것처럼 보였다. 사실 그랬다. 생각할 겨를이 없었으니까. 그의 즉흥 연주가 함께 무대에 선 연주자들의 스타일과 조화를 이루려면 주저함이 있어선 안 됐다. 고민할 시간 같은 건 주어지지 않았다. 콜트레인 역시 현장에 투입된 응급구조대원이나 소방관처럼 시시각각 무엇을 해야 하고, 어디로 가야 하며, 어떤 선택을 내려야 할지 본능적으로 알고 있어야만 했다.

스포츠팬이라면 공감할 만한 얘기지만, 정상급 축구, 농구, 하키, 스키 선수들이 평소 실력을 갈고닦고 중요한 경기에 임하는 과정도 이와 비슷하다. 매주 단조로운 슈팅 연습이 몇 시간이고 계속된다. 코스를 누비며 발동작과 방향 전환, 균형 잡기, 무게 중심 이동 등의 기술을 부단히 훈련한다. 사이사이에 끼워 넣어진 패스와 드리블 연습은 말할 것도 없다.

전 세계 청중은 빠르고 열정적인 존 콜트레인의 연주에 열광했다. "불꽃이 일렁이는 듯하다!"라고들 했다. 하지만 그 누구도 듣지 않을 때, 콜트레인이 지루하기 짝이 없는 기본기를 수없이 반복 훈련한 게 바로 그 불꽃의 원천이었음을 파악하지는 못했다. 농구의 스테판 커리, 축구의 리오넬 메시, 아이스하키의 알렉산더 오베츠킨, 스키의 헤르만 마이어도 마찬가지다. 그들이 불 켜진 무대에서 우리를 사로잡고 열광시킬 수 있는 것은 아무도 보지 않을 때 힘들고 귀찮은 일을 죽도록 열심히 했기 때문이다.

우리도 그래야 한다. 고되고 지루한 훈련의 필요성을 인정하고 기꺼이 받아들여야 한다. 기본에 완전히 통달하고 꾸준히 반복해야 한다. 오직 그래야만 튼튼한 토대가 쌓이고 근육이 익혀져, 중대한 순간이 찾아왔을 때 본능적으로 대처할 수 있다. 실전이 한결 수월해지는 것이다.

고통은 잠시뿐이다

내가 지금의 자리에 이른 데는《코난-바바리안》의 성공이 결정적이었다고 해도 과언이 아니다. 그리고 그 영화는 존 밀리어스 감독이 스페인 로케이션에서 나를 혹독하게 단련시키지 않았더라면 결코 성공하지 못했을 것이다.

영화에서 대사를 외우는 기본적인 준비만으로도 벅찼지만, 그게 전부는 아니었다. 거의 상의를 벗은 채로 등장하기에 최상의 몸매를 유지하려고 매일 중량 운동을 해야만 했다. 촬영 전에는 악센트 코치와 함께 긴 대사 장면을 30~40번씩 리허설했다. 검술과 격투 동작도 익혀야 했고, 투기장 전투 신을 위해선 레슬링과 복싱도 배웠다. 말과 낙타, 코끼리 타는 법, 거대한 바위에서 뛰어내리고 긴 밧줄을 오르내리며 매달린 채 점프하는 법까지 배워야 했다. 말 그대로 액션 히어로 지망생을 위한 직업학교에 다닌 셈이었다.

게다가 밀리어스 감독은 나에게 갖은 고역을 다 시켰다. 바위에 기어 다니는 연기를 수없이 반복하다 보면 팔뚝에서 피가 날 지경이었다. 들개 떼에게 쫓겨 가시덤불 속으로 숨기도 했다. 독수리 사체를 물어뜯는 장면에서는(요즘 같으면 동물보호단체가 난리 칠 일이지만) 촬영 후마다 입 안을 알코올로 헹궈내야 했다. 촬영 초반에는 등을 다쳐 40바늘이나 꿰매기도 했다.

밀리어스 감독은 이렇게 단언했다. "고통은 순간일 뿐, 이 영화는 영원할 것이다."

그 말이 맞았다. 내가 불평 한마디 하지 않았던 이유다. 그 고통은 검과 마법sword and sorcery(검을 쓰는 영웅의 여정을 그리는 판타지 하위 장르를 가리킨다―옮긴이)이라는 판타지 영화의 새 지평을 연 작품을 탄생시키기 위한 대가일 뿐이었다. 기꺼이 그 대가를 치를 각오만 되어 있다면 내 비전에 성큼 다가설 수 있으리라. 위대하고 영원한 업적에는 희생이 뒤따르기 마련이다.

그것이 고통의 묘미다. 고통은 일시적이라 영원히 짊어지고 갈 필요가 없으며, 꿈을 좇는 과정에서 우리가 진정 전력을 다하고 있는지를 알려준다. 만약 지금껏 당신이 위대하고 특별한 목표를 이루는 동안 아무런 고통도, 대가도, 불편함도 겪지 않았다면, 안타깝지만 냉정한 진실을 알려주겠다. 당신은 아직 최선을 다하지 않고 있다. 잠재력을 온전히 발휘하려면 반드시 희생이 뒤따른다.

고통은 희생의 척도일 뿐 아니라 성장의 지표이기도 하다. 체육관에서 운동할 때 고통이 없다면 근육 성장의 잠금 상태를 풀 만큼 충분히 노력하지 않고 있다는 뜻이다. 그래서 나는 고통을 갈망했다. 1970년대 체육관에서 찍은 사진이나 영상에 내가 늘 웃고 있는 이유다. 내가 마조히스트라서가 아니었다. 600파운드(약 272킬로그램)나 되는 무게로 스쿼트하다 숨이 턱 막히고 구토감이 밀려오는 건 죽을 맛이었지만, 그래도 웃을 수 있었던 것은 노력에 따르는 고통은 성장이 바로 눈앞에 있다는 의미였기 때문이다. 괴로운 횟수를 채워갈수록 보디빌더로서의 꿈에 한걸음 더 가까워졌다. 그래서 행복했다. 이 모든 고생의 끝에는 대회 우승 트로피를 들고 포디움 가장 높은 곳에 서는 영광이 기다리고 있으니까.

고통의 필요성에 눈뜬 것은 당연히 내가 처음은 아니었다. 무하마드 알리는 윗몸일으키기를 하면서 고통이 시작되는 순간부터 숫자를 세기 시작했다. "바로 그때부터가 중요한 거야. 그 뒤에 나오는 숫자들이 챔피언을 만들거든." 밥 딜런은 모든 아름다운 창조물 뒤에는 고통이 도사리고 있다고 노래했다.

익숙한 이야기일 거다. 이런 메시지를 담은 명언들을 한 번쯤은 들어봤을 테니까. "안전지대에서 벗어나라. 불편함을 포용하라. 고통을 즐겨라. 두려운 일을 매일 조금씩 해내라." 요지는 다 같다. 성장을 원한다면, 위대해지길 원한다면, 결코 쉬운 길로는 갈 수 없다. 많든 적든 반드시 고통이 동반된다.

네이비실이나 레인저 같은 특수부대 선발 과정에서 교관들은 지원자들이 극한에 내몰린 후에야 비로소 시험을 시작한다. 힘이 방전되고 귀가 따갑도록 고함을 듣고 굶주림에 시달리고 야외나 물속에서 추위에 떨게 만든 뒤에야, 섬세한 움직임이나 팀워크가 필요한 테스트로 지원자들을 물에 빠뜨리거나 정신적으로 무너뜨리려 든다. 실력 평가가 목적이 아니다. 임무 완수 자체는 부차적이다. 교관들은 기술 발전이나 신체적 성장이 아니라 극심한 고통 속에서도 포기하지 않는 끈기를 찾으려 한다. 기술은 차후에 가르칠 수 있다. 불굴의 정신력만 있다면 언젠가 몸도 따라온다는 것을 그들은 안다. 인격적 성장이야말로 위대한 비전 추구에 있어 필수적이다.

인내와 회복탄력성 같은 인격적 성장에는 고통만 한 것이 없다. 고통에 굴복해 포기하는 건 인격의 파탄을 의미할 따름이다. 그렇다고 아무 이유 없이 고통을 찾아 헤매는 것 또한 어리석은 짓이다. 여기서 말하는 건 목적 없는 고통이 아니라, 생산적인 고통이다. 토대를 튼튼히 해 인격을 닦고 성장을 이끌어 비전에 다가서게 하는 그런 고통 말이다.

일본의 위대한 소설가 무라카미 하루키는 이렇게 적었다. "나는 의미 있는 고통이라면 견딜 수 있다." 나도 오랜 경험을 통해 맞는 말임을 알고 있다. 고통을 견딜 수 있으려면 의미가 있어야 한다.

2006년 크리스마스 즈음, 아이다호주 선 밸리에서 스키를 타다가 다리가 부러졌다. 대퇴골 골절이었다. 우리 몸에서 가장 굵은 뼈라 좀처럼 부러지지 않지만 한번 부러지면 끔찍한 통증이 뒤따른다. 금속판과 나사를 박는 수술이 필요한데, 그 또한 고통의 연속이다. 2주 후엔 두 번째 주지사 임기 취임식이 예정되어 있었다. 캘리포니아주 대법원장 앞에서 선서하고 취임사를 해야 했다. 꽤 오랜 시간 서 있어야 한다는 뜻이었다.

내 팀과 행사 관계자들은 내 회복 상태를 고려해 선서식을 취소하고 자택에서 선서하는 방안을 제안했다. 그러나 나는 절대 그럴 수 없었다. 선택지는 두 가지였다. 진통제를 잔뜩 복용한 채 혀 꼬부라지는 소리가 나오지 않기를 바라며 예정대로 연설하거나, 약에 의지하지 않고 극심한 고통을 감내하며 맑은 정신으로 단상에 서는 것이었다.

20분간의 고통이냐, 온종일의 고통이냐. 어느 쪽을 택하든 다리가 부러진 건 마찬가지였다. 집 소파에 앉아 있건 새크라멘토 취임식장에 서 있건, 어느 정도의 통증은 불가피했다. 그렇다면 캘리포니아에 더 나은 내일을 가져다줄 나의 비전에 이바지할 고통을 선택하는 게 당연한 일 아니겠는가? 취임식의 순간을 주민들과 함께하는 것 또한 그 비전과 무관하지 않았다. 취임일에 주민들 앞에 선다는 건 언제나 그들을 위해 봉사하겠다는 다짐의 표현이다. 아무리 큰 고통이 뒤따르더라도 내가 한 약속을 지킬 생각이었다. 그것이 내겐 너무나 소중한 일이었으니까. 밀리어스 감독의 말마따나 고통은 한순간이겠지만, 이 취임식에서 다시금 되새기는 지난해 선거의 치열함이 가져다준 성취감은 영원했다.

끝까지 확실하게 마무리하라

10개월 후인 2007년 10월 말, 캘리포니아주에 산불이 발생했다. 금요일 밤, 몇몇 지역에서 화재가 일어났다는 보고를 받고 잠자리에 들었다. 토요일 아침에 깨어나 확인하니 30곳 이상으로 번져 있었다. 특히 샌디에이고 카운티 지역의 인명과 재산 피해가 가장 우려되는 상황이었다. 결국 샌디에이고에 사는 20만 명을 포함해 총 50만 명 이상이 대피해야 했고, 그중 수천 명은 델마 경마장과 샌디에이고 차저스의 홈구장인 퀼컴 스타디움으로 몰려들었다.

주정부로서는 최악의 시나리오였다. 인구 밀집 지역에서 화재 폭풍이 발생한 것이다. 2년 전 허리케인 카트리나가 뉴올리언스를 강타한 뒤, 우리 주는 시뮬레이션과 시나리오 계획, 비상 안전 훈련 등을 통해 자연재해에 꾸준히 대비해왔다. 카트리나 때는 그 어떤 정부 기관도 불쌍한 시민들을 제대로 도와주지 못해 1,500명 이상이 목숨을 잃었다. 그때 나는 우리 주에 비슷한 일이 일어나면 준비된 인력과 서비스를 최대한 신속히 투입하리라 다짐했다. 상황을 정확히 파악하고 이재민과 최전선에 있는 이들을 위해 효과적으로 대응하겠다고 말이다. 그것이 모든 계획과 비상 훈련의 목적이었다.

권위를 가진 리더가 하는 일에 대해 많은 오해가 생기는 부분이 바로 이것이다. 자연재해 대책을 세우고 훈련을 통해 모두가 제 역할을 익히게 한 뒤에는 주지사의 임무는 끝났다고 여긴다. 회사 사장이나 팀 관리자처럼 주지사도 할 일이 많아 모든 것을 다 챙길 순 없으니, 어느 순간부턴 주지사가 세운 계획이라도 다른 이들에게 맡기고 알아서 잘하겠거니 믿을 수밖에 없다는 것이다.

그러나 책임자는 사람들이 맡은 바 임무를 알아서들 잘할 거라고 여겨선 안 된다. 성공의 절정이나 재앙의 직전 같은 중대한 순간에는 더더욱 그렇다. (꿈을 이루려면 악몽 같은 상황이 현실화되지 않도록 막아내는 노력 또한 필요하다.) 운이 나빠 신호가 엇갈릴 수도 있고, 사람들의 무사안일이나 어리석음이 낭패를 부를 수도 있다. 중요한 과제나 이루고자 하는 목표가 있거나 무언가 또는 누군가를 지키기로 맹세했다면, 반드시 모든 계획이 준비한 그대로 실행되어야만 한다. 제대로 마무리되도록 끝까지 챙기는 게 리더의 몫이다.

토요일 오후, 나는 샌디에이고 상황이 조만간 극도로 혼란스러워질 것임을 직감했다. 산불 장소가 너무나 광활한 데다 복잡한 변수가 많고 상황은 시시각각 바뀌고 있었다. 날이 저물자 퀄컴 스타디움으로 피란민이 계속 모여들었지만 간이침대조차 마련되지 않았고 식수도 부족했다. 우리가 미처 놓치고 있는 것들도 분명 더 있을 터였다. 현장에 직접 가보아야 상황을 완벽히 통제할 수 있겠다는 생각이 들었다.

퀄컴 스타디움으로 가는 길에 그곳 관계자들과 통화하며 필요한 물품들을 확인했다. 식수는 물론이고 기저귀, 분유, 화장지, (생각지도 못한) 애완견 배변봉투까지 필요했다. 재난 대응 상황을 꼼꼼히 분석해야만 알 수 있는 사실들이었다. 기본적인 대피소가 갖춰진 후 가장 주의 깊게 살펴야 할 부분은 영유아와 노약자 보호, 그다음이 위생이었다. 즉시 캘리포니아 식료품 협회장에게 연락해 우리가 요청한 구호물자를 스타디움으로 보내달라 부탁했다.

내가 스타디움에 도착했을 때까지도 간이침대는 도착하지 않았다. 대체 어디 있는 거지? 누가 가지고 있지? 왜 아직도 없는 거지? 관련자라면 누구에게나 물어봤고, 연락할 만한 사람에게는 모두 접촉했다. 전화를 왕창 돌린 끝에 겨우 실마리를 잡았다. 우리가 간이침대를 보관 중이던 창고를 주인이 팔아버렸고, 새 주인이 자물쇠를 갈아 잠가버린 탓이었다. 캘리포니아 주정부의 재난 대응에 필수적인 간이침대가 창고에 있는 줄도 모른 채 말이다. 새 자물쇠 열쇠를 가진 이가 없다는 게 문제였다!

이처럼 어이없는 해프닝이 현실로 일어난 것이다. 내가 현장에 가서 관계자 모두가 맡은 임무를 끝까지 완수하고 문제를 해결하도록 독촉하지 않았더라면, 그 간이침대는 아직도 창고에 처박혀 있을지 모른다. 급히 추적해야 할 게 간이침대뿐이었다는 게 그나마 다행이었다. 델마 경마장처럼 더 끔찍한 상황도 벌어질 뻔했으니까.

일요일 저녁, 현장 점검을 마치고 돌아가려는데 한 지역 요양원의 노인 700명이 델마 경마장의 임시 대피소로 옮겨졌다는 소식을 들었다. 다들 무사해 안도했지만 어딘가 걸리는 구석이 있었다. 여기저기가 아픈 지극히 평범한 노인이 가지고 다니는 약통을 떠올려 보라. 노인 보살피기가 얼마나 복잡한지 짐작할 수 있을 것이다. 위급한 상황에서 어르신들을 경마장 안 야구장 침상으로 대피시키는 것만으로는 부족했다. 팀원들과 함께 경마장으로 직접 가서 상황을 살폈다.

첫 번째 불안한 신호는 의료진이 부재하다는 거였다. 폴 루소라는 남자 간호사 한 명뿐이었다. 해군 의무병 출신인 그는 정말 강인한 사람이었다. 홀로 피란민들의 의료 지원을 도맡고 있었다. 두 번째 신호는 이재민들이 잠자리에 들 무렵, 내가 대피소를 둘러보던 중 발견했다. 한 여성이 겁에 질리고 당황한 기색으로 다가와 말했다. "내일 아침에 신장 투석을 받아야 하는데 어쩌면 좋죠?"

나는 그 말을 듣고 곧바로 후속 조치에 착수했다. 얼마나 많은 사람이 신장 투석 같은 긴급 치료를 매일 받아야 하는가? 그중에 입원 치료를 해야 하는 이는 몇 명인가? 가장 가까이 있는 수용 가능한 병원은 어디인가? 그 병원엔 투석기가 몇 대나 있는가? 환자 이송용 앰뷸런스는 충분한가?

우리 팀은 밤새 이 문제들을 해결하기 위해 분주했다. 치료가 필요한 이는 수십 명이었지만 그들을 수용할 만한 병원은 150마일(약 240킬로미터)이나 떨어져 있었다. 그래서 나는 육해 공군 수장들에게 연락을 돌리기 시작했다. 주지사가 되면 알게 되는 사실이 있는데, 모든 군사기지에는 총과 의료 시설이 반드시 있다는 것이다. 다행히 근처 해병대 펜들턴 기지 병원에 한 동이 비어 있었다. 이제 병상은 확보했으니 환자를 실어 나를 구급차가 필요했다. 북쪽으로 60마일 떨어진 오렌지 카운티에서 차를 구했다. 우리 팀은 전세기 밖의 활주로에 앉아 밤을 지새웠다. 잠깐씩 선잠을 자며 델마 대피소 환자들이 한 명도 빠짐없이 이송되기를 기다렸다. 모든 위기 상황이 그러하듯 열악한 조건에서 지루한 시간이 계속되었다. 모든 문제가 일단락된 후에야 전세기에 올라탔다.

후속 조치란 이런 것이다. 매듭짓기란 이런 것이다. 구석구석 빈틈없이 챙겨야 한다. 모든 것이 마무리되었음을 확인할 때까지 말이다. 요양원 어르신들 보살피기를 단 1퍼센트라도 소홀히 했다면 어떻게 되었을지 상상조차 하기 싫다. 너무나 많은 이들이 계획이나 시스템만 믿고 필요한 만큼만 하면 된다고 생각한다. 모든 게 끝났고, 문제를 해결했다고 생각한다. 아니다. 그렇게 안일하게 굴어선 안 된다. 일이 완전히 마무리되어야만 "내가 해결했어"라고 말할 수 있다.

　나는 일의 마무리에 집착하는 편이다. 마무리야말로 중요한 목표 달성을 위한 노력의 정수다. 중요한 목표란 결코 단순하지 않다. 언제나 타이밍, 사람, 수많은 변수의 영향을 받는다. 결코 믿을 만한 게 없다. 역설적으로 매듭짓기는 실행의 가장 쉬운 부분에 속한다. 적어도 에너지와 자원 면에서는 그렇다. 그런데도 우리는 일의 마무리를 너무 당연히 여기거나 대수롭지 않게 생각하곤 한다. "멋지고 훌륭한 일을 해내고 싶어"라면서 야심차게 시작만 해놓고, 그 뒤로는 알아서 잘되겠거니 하는 것이다. 선의와 희망만 있으면 될 것처럼 말이다.

　우리는 흔히 자기 자신에게도 그런 실수를 저지른다. 스포츠계에서 흔한 일이다. 골프에서 그린사이드 벙커샷을 샌드 웨지로 제대로 처리하지 못해 공이 꼼짝하지 않거나 하늘로 날아가 버리는 경우가 있다. 테니스에서 백핸드 한 방이면 득점인 상황에서 마지막 스윙이 부실해 공이 경기장 밖으로 나가기도 한다. 축구 선수들도 날아오는 공을 발리슛으로 연결 짓지 못하거나, 페널티킥 같은 기본적인 플레이를 제대로 마무리 짓지 못해 실수하곤 한다. 헬스장에서도 마찬가지다. 랫 풀다운lat pulldown 운동을 하면서 팔을 완전히 펴지 않거나 끝까지 당기지 않는 사람들이 부지기수다. 동작을 끝까지 마무리하지 않는 것이다.

　그 자체로는 사소해 보이지만, 마무리가 부실하면 중요한 순간에 지거나 잠재적 이익을 놓칠 수 있다. 대개 손해 보기 십상이다. 진정한 노력과 전력투구 정신이 없으면 이런 일이 생긴다. 대충대충 하겠다는 태도를 여실히 보여준다. 이건 생각보다심각한 문제다. 공을 아무렇게나 던지고, 등 운동을 적당히 하는 식으로 습관이 한번 형성되면, 훨씬 더 중요한 일마저 소홀히 할 가능성이 높아지기 때문이다. 업무는 물론, 연인이나 배우자와의 관계, 심지어 자녀 양육까지도 영향을 받을 수 있다. 랫 풀다운 기구에서 10회 4세트를 대충 해치우는 사람은 아이기저귀도 대강 갈아 채우고, 단골 식당에서 배우자가 좋아하는메뉴도 기억하지 못한다. 반면 시간과 에너지가 더 들고 고통스럽더라도 15회 5세트를 빈틈없이 소화해내는 이들은 다르다. 그들은 무언가를 흠잡을 데 없이 해내는 것이 얼마나 큰 성취감을 주는지 잘 알고 있다.

우디 앨런은 성공의 80퍼센트는 그저 도전하는 데 있다고 했다. 훨씬 전에 토머스 에디슨은 성공의 90퍼센트는 땀의 결실이라고도 했다. 둘 다 틀린 말은 아니지만, 완전히 들어맞지도 않는다. 숫자로 따질 수 있는 문제가 아니다. 내 생각에는 미국의컨트리 가수이자 소시지 회사 사장이었던 지미 딘의 표현이 가장 적절하다. "하겠다고 한 일을 끝까지 해내되, 자신이 말한 것보다 조금 더 잘하기 위해 노력하라."

후속 조치를 취하고 일을 마무리 짓는 것. 가치 있는 목표를 지닌 사람이라면 반드시 해야 할 일이다. 이 두 가지를 실천하는 것만으로도 차별화될 수 있다. 모두가 중요한 일을 하고 싶다고 하고, 변화를 만들겠다고들 하지만 대개 입으로만 떠들 뿐이다. 이 두 가지를 진심으로 실천할 때 비로소 목표를 향한 진지한 자세를 갖출 수 있다.

변명은 그만, 실천은 지금부터
: 당신에게는 24시간이 있다

반가운 소식이 있다. 우리에겐 노력하려는 의지 외에도 공통점이 하나 더 있다. 노력할 시간 24시간이 주어졌다는 점이다. 개개인의 나이, 재산, 거주지, 재능 등은 천차만별이지만, 의지와 시간만큼은 누구에게나 평등하게 주어진다. 얼마나 기쁜 일인가! 이는 우리가 시간과 노력만 투자하면 무엇이든 이룰 수 있다는 뜻이니까.

자문해보라. 나는 하루 24시간 중 얼마나 많은 시간을 허비하고 있는가? 정작 시작은 하지 않고 시작할 생각만 하는 데 소모하는 시간은 얼마나 되는가? 하수구에 흘려보내듯 소셜 미디어에 쏟아붓는 시간은 또 얼마나 되는가? TV 시청, 게임, 술자리로 허송하는 시간은 또 얼마인가?

그렇게 낭비되는 시간이 없길 바란다. 하지만 슬프게도 대다수는 많은 시간을 허투루 보낸다. 원대하고 야심 찬 꿈을 꾸면서 간절히 인생을 변화시키고 싶어 하면서도, 정작 그 꿈을 위해 어떤 노력을 기울이고 있느냐고 물었을 때 20분 내내 바쁘다는 변명만 늘어놓는 사람들을 볼 때면 가장 안타까움을 느낀다. 그리 놀랄 일은 아니지만, 시간이 부족하다고 불평할수록 실제로는 별로 하는 일이 없다.

바쁘다는 건 변명에 불과하다. 누구나 바쁘다. 우리 모두에겐 일상의 일들이 있다. 각자의 의무와 책임이 있다. 먹고 자고 돈도 벌어야 한다. 하지만 그게 당신의 비전 실현을 위해 해야 할 일들과 무슨 상관이란 말인가? 목표가 진정 중요하다면, 시간을 만들어내야 한다.

1970년대 중반, 나는 이미 상당한 목표들을 달성한 상태였다. 미국에 와서 미스터 유니버스와 미스터 올림피아에서 우승하며 세계 최고의 보디빌더로 인정받고 있었다. 그러나 여기서 멈출 수는 없었다. 정상에 올랐다면 그 자리를 지켜야 했다. 나의 다음 목표는 할리우드였다. 배우가 된다면 더 큰 성공을 거머쥘 수 있을 것이었다. 하지만 이를 위해서는 시간 투자가 필요했다. 대회에 출전할 수 있는 몸 상태를 유지하는 한편, LA에서 안정적인 기반을 다질 방법을 모색해야 했다.

우선 보디빌딩 소책자를 제작했다. 조 웨이더의 잡지에 나의 소책자 양면 광고를 게재하는 대가로, 그의 보충제와 운동 장비 홍보 사진을 무료로 찍어주기로 계약했다. 그다음엔 샌타모니카 시립대학과 UCLA에서 경영학 관련 과목들을 수강하기 시작했다. 부수입을 위해 웨이트 트레이닝 세미나도 열었고, 프랑코와 함께 석공 사업도 시작해 LA 전역에서 벽돌 시공 일을 맡았다. 석공 사업과 소책자 판매로 번 돈을 모아 아파트 건물을 사들였고, 마침내 내 집을 마련할 수 있었다. 할리우드 입성이 가시화되자 앞서 언급한 다양한 연기 수업을 받기 시작했다. 스케줄은 빼곡했다. 댄스 레슨까지 받았으니까!

무엇 하나 그냥 된 일은 없었다. 당장의 수입이 되기도 하고 미래를 위한 투자이기도 했지만, 모두 궁극적인 목표를 염두에 둔 활동들이었다. 보디빌딩 소책자를 만든 건 더 많은 이들에게 보디빌딩을 알리고 싶었기 때문이다. 세미나 참석이 부담스러운 이들을 돕는 방법이기도 했다.

벽돌 쌓기 일을 선택한 이유는 그것이 또 하나의 운동이 될 수 있었기 때문이다. 햇볕을 쬘 수 있었고, 사람들과 대화하며 영어도 연습했으며, 무언가를 만들어내는 성취감도 맛볼 수 있었다. 내 목표는 그저 미국에 오는 게 아니라 미국의 일부가 되는 것이었다. 영화계 진출이 그 열쇠였지만, LA 곳곳에 프랑코와 내가 50년 전 운동 틈틈이 쌓아 올린 담벼락과 보도블록이 여전히 남아 있다는 사실이, 마치 내 유산의 일부처럼 느껴진다. 할리우드 명예의 거리에 새겨진 나의 별과 내 얼굴이 들어간 선셋 대로의 광고판 못지않게 말이다.

경영학 수업을 들은 건 미국 비즈니스계의 언어를 익히기 위해서였다. 사업에도 능숙해지고 싶었다. 에이전트나 제작사에 당할지 모를 억울한 일에 대비해, 연예계의 상업적인 측면을 파악해두고 싶었다.

아파트 건물을 산 이유는 보금자리 마련으로 월세 걱정에서 벗어나고자 함이었다. 배우 지망생들이 꿈과는 동떨어진 형편없는 작품에 출연하는 가장 큰 이유가 바로 월세 때문이다. 나는 생계형 배우가 되고 싶지 않았다. 액션 스타이자 주연급 배우가 되는 게 목표였다. 집이 있다면 당장 먹고살기 위해 나치 군인이나 클럽 경비원 같은 단역을 마지못해 받아들일 필요가 없었다.

그 시절의 바쁜 나날을 회상하며 그 이유까지 설명해주면, 사람들은 놀라워하며 묻곤 한다.

"밥은 언제 먹었어요?" 대개는 남들처럼 평범하게 식사했다. 시간에 쫓길 땐 체육관 가는 길에 차에서 먹거나 공부하면서 먹기도 했다. 매일 아침 수업 시간엔 단백질 쉐이크도 마셨다. 정 바쁠 때는… 그냥 굶었다. 한 끼 거른다고 죽진 않는다.

"즐거움을 느낄 시간은 있었어요?" 하고 묻는 이들도 있다. 물론 즐거웠다. 그렇지 않았다면 그렇게 열심히 살았을 리 없다.

훈련이 즐거웠고, 프랑코에게 벽돌 쌓는 법을 배우는 것도 즐거웠다. 새로운 사람들을 만나고 미국식 사업 방식을 익히는 것 또한 즐거웠다.

"잠은 언제 잤어요?" 이 질문도 많이 받았다. 아침 운동 후에 잠깐 낮잠을 자거나 벽의 모르타르가 마르기를 기다리는 동안 트럭에서 선잠을 청하기도 했다. 그러나 대개는 그냥 피곤할 때 잤다.

"항상 피곤함에 절어 있지 않았나요?" 이 질문도 항상 따라온다. 내 대답은 매번 똑같다. 전혀 그렇지 않았다. 솔직히 어릴 때부터 힘이 넘치긴 했다. 이 부분은 유전적인 영향이 크지 않나 싶다. 하지만 사람들은 더 중요한 부분을 놓치곤 한다. 뚜렷한 비전을 품고 큰 목표를 향해 매진하는 이들은 진척을 이룰수록 엄청난 힘을 얻는다는 사실 말이다.

비즈니스 수업을 듣다가 갑자기 무언가를 확 깨우칠 때면 더 파고들고 싶어졌다. 영어 실력이 느는 게 보일 때면 더 많은 이들과 대화하며 연습해야겠다는 의욕이 샘솟았다. 체육관에서 근육이 부풀어 오르는 걸 목격하면, 발전을 실감하며 팔이 떨어져 나갈 때까지 역기를 들어 올리고 싶어졌다. 실제로 그렇게 했던 적도 많다. 근성장이 눈에 띄면 알리처럼 통증이 느껴질 때까지 밀어붙였다. 멈추지 않고 몸을 움직일 수조차 없을 때까지 계속했다. 그 지경에 이르기 전엔 절대로 운동을 마치지 않왔다. 몸은 녹초가 되어 쓰러질 듯했지만, 마음은 구름 위를 나는 듯했다. 두 시간의 땀방울 덕분에 꿈에 한 발 성큼 다가섰다는 기쁨과 희열로 넘쳐났던 것이다.

그런데 어떻게 태평하게 잠들 수 있었겠는가? 이것을 흔히 '몰입'이라 부른다. 시간은 길어지고 심지어 정지한 것처럼 보였다. 뭔가에 열중하다 문득 진전이 보이기 시작하면, 어느새 밤은 지나가고 동이 터 있었다.

작가, 음악가, 프로그래머, 체스 기사, 건축가, 화가 등 자신이 진정으로 사랑하는 일을 하는 사람이라면 누구나 공감할 것이다. 정신적, 육체적 한계에 부딪힐 때까지 몰두하다가, 뇌가 더는 버티지 못해 잠시 꺼지는 순간을 말이다. 콜트레인은 색소폰을 문 채로, 게임 개발자는 키보드에 얼굴을 묻은 채, 형사는 사건 파일에 파묻힌 채 잠이 든다. 소프트웨어 프로그래머들은 36시간의 해커톤hackathon(해킹과 마라톤의 합성어로 일정 시간 동안 쉬지 않고 아이디어를 발전시켜 결과물을 출품하는 대회─옮긴이)에서 세상을 뒤흔들 혁신적인 게임과 앱을 탄생시킨다. 샘 페킨파 감독은 불과 사흘 만에 사막에서 《와일드 번치》 각본을 새로 써냈고, 블랙 사바스는 12시간 동안 계속된 단 한 차례의 집중 작업으로 데뷔 앨범을 완성했다. 롤링 스톤스의 키스 리처즈는 스튜디오에서 긴 하루를 보내고 잠들기 직전, "새티스팩션"Satisfaction의 중독성 강한 기타 리프를 떠올렸다.

몰입 상태 여부와 무관하게, 일을 끝내는 이들의 공통점은 주어진 과제에 시간을 투자한다는 것이다. 시간이 모자라면 기어코 만들어낸다. 이런 이야기를 들으면서 잠이나 식사, 여가 시간이 모자라거나 체력이 고갈될까 봐 걱정된다면, 당신의 진짜 고민거리는 단순히 시간이 부족한 게 아니라 시간 활용 방식일 수 있다. 나는 운동할 시간이 없다는 사람에게 핸드폰을 보여달라 한다. 그들의 하루 평균 스마트폰 사용 시간을 확인하면 3시간 30분을 SNS에 허비한 걸 알 수 있다. 당신에게 부족한 건 시간이 아니라, 시간 부족 따위는 아랑곳하지 않게 만드는 강력한 삶의 비전이다.

때로는 원대한 비전을 품었음에도 그것을 이루기까진 너무 멀고 그 여정이 막막하게만 느껴질 수 있다. 당연한 심정이다. 두려움이 어떤 건지 나 역시 잘 안다. 보디빌딩 대회에서 우승하기 위한 몸은 하루아침에 완성되지 않는다. 1년, 2년, 3년도 짧다. 아무도 보상해주지 않는데도 매일같이 혹독한 훈련을 쌓아 심사위원들과 조 웨이더, 대중의 시선을 사로잡는 근육량과 균형미를 갖추려면 수년이 필요했다. 미스터 올림피아에서 연이어 우승하고 코난이나 터미네이터 같은 역할을 맡기에 알맞은 체격을 만들려면 몇 년이 더 걸렸다.

내가 오로지 최종 결과만 바라보며 코끼리 한 마리를 통째로 삼키려 들었다면 질식했을 것이다. 분명 실패로 끝났겠지. 내가 원하는 지속 가능하고 삶을 변화시키는 성공을 거두려면, 꾸준히 매일의 과제를 수행해나가는 수밖에 없었다. 매 세트 모든 동작을 정확히 해내고, 고통에 귀 기울이며, 반드시 오게 될 성장을 위해 한 걸음씩 내딛어야만 했다. 웅대한 비전을 뒷받침할 계획을 세우고 하루도 거르지 않고 실천하고 마무리해야 했다.

목표가 무엇이든, 지금의 삶이 아무리 바쁘든 당신 역시 그래야만 한다. 이는 누구에게나 똑같이 적용되는 법칙이다. 내가 '24시간 카운트다운'이라 부르는 방식으로 살펴보자.

당신은 하루에 몇 시간 자는가? 이상적인 수면 시간으로 알려진 8시간이라 해보자. 잠을 제하면 16시간이 남는다. 근무 시간은 몇 시간인가? 이것도 8시간이라 치자. 그럼 하루에 8시간이 남는다. 출퇴근은 얼마나 걸리나? 미국인의 평균 통근 시간은 편도 30분 미만이지만, 교외 거주자들을 감안해 각각 45분씩 잡아보겠다. 총 1시간 30분이니 6시간 30분이 남았다.

아침저녁 식사와 TV 시청을 포함해 가족과 보내는 시간은 얼마나 되는가? 3시간 30분 정도면 꽤 이상적이다. 이제 3시간이 남는다.

운동이나 신체 활동에 하루에 얼마나 할애하는가? 개 산책, 집안일, 운동을 모두 합쳐 보통 사람들은 평균 1시간가량 쓴다. 좋다. 몸을 움직이는 데 하루 한 시간 투자한다는 것은 무척 중요하다. 이제 2시간이 남아 있다.

하루에 할 일을 전부 다 하고도 꿈을 좇는 데 쓸 시간이 2시간이나 남는다. 벌써부터 질문이 쏟아질 게 눈에 선하다. 휴식은 언제 취하고 여유는 언제 즐기냐고? 일단 이 사실을 명심하자. 휴식은 아기들을 위한 것이고, 여유는 은퇴자들을 위한 것이다. 당신이 둘 중 하나인가? 각별한 일을 해내고 원대한 꿈을 이루고 싶다면, 당분간은 휴식과 여유를 잊어야 한다. 정 휴식이 필요하다면 남은 시간의 절반을 낮잠에 쓰면 된다. 여전히 목표를 위해 매일 1시간씩은 투자할 수 있다.

매일 1시간이 얼마나 대단한지 아는가? 소설을 쓰고 싶다면 날마다 1시간씩 써보라. 1년이면 365쪽, 책 한 권 분량이 나온다! 살을 빼고 싶은가? 섭취하는 칼로리보다 500칼로리를 더 소모하라. 매주 1파운드(약 0.5킬로그램)이 줄어든다. 1년이면 50파운드(약 23킬로그램)까지 감량할 수 있다! 어떻게 하면 그만큼의 칼로리를 추가로 소모할 수 있을까? 남는 시간에 자전거를 타면 된다. 주 5일, 적당한 속도로만 타도 1년 후엔 LA에서 보스턴을 넘어설 만큼의 거리를 달릴 수 있다. 미국을 가로지른 셈이다!

환상적인 결과를 얻으려면 엄청난 노력이 필요하다. 하지만 아무리 큰 목표라도 계획을 세워 작은 목표들로 쪼개고 하루에 1~2시간만 투자해도 충분하다. 나처럼 눈알이 튀어나올 만큼 악착같이 매달리더라도, 하루 5시간만 고생하면 된다. 나머지

19시간엔 다른 일을 할 수 있다. 식사 시간을 조금 줄이고, 조금 일찍 잠자리에 든다면 꿈을 위해 바칠 시간을 좀 더 마련할 수 있다. 운동이든 공부든, 글쓰기든, 인맥 쌓기든, 시간이 없어서 못 한다는 말은 절대 하지 마라.

　TV를 끄고 스마트폰을 내려놓아라. 변명은 접어두고 실행에 옮겨라.

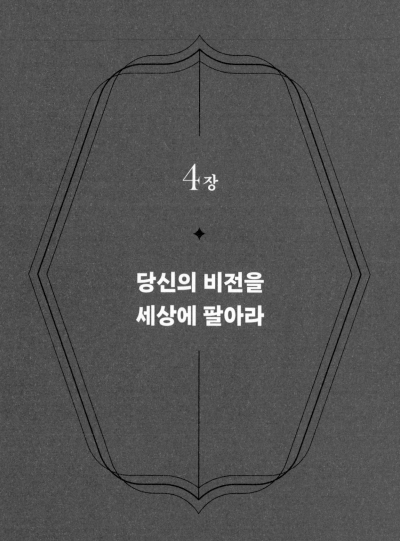

4장

당신의 비전을
세상에 팔아라

Be Useful

내가 미국에 와서 겪은 가장 큰 문화적 충격은 보디빌딩에 대한 사람들의 인식이었다. 조 웨이더의 잡지를 읽으며 부푼 기대감과 현실은 사뭇 달랐다.

오해는 말자. 보디빌딩은 분명 하나의 하위문화로 존재했다. 잡지, 영양제, 대회, 여러 대회도 열렸다. 내가 자리 잡은 LA에도 대형 체육관 두 곳이 있었고, 보디빌딩 전용 시설도 전국에 퍼져 있었다. 팬들이나 어딜 가든 따라다니는 여성들도 많았다. 하지만 아직 대중에게 널리 알려지지 않은 상태였다.

파티에서나 줄을 서서 기다릴 때면 사람들은 내 탄탄한 몸을 보고는(항상 반바지와 탱크톱 차림으로 다녀서 잘 드러났다) "와, 멋지네요. 미식축구 선수세요?"라고 물었다. 내가 "아뇨. 다시 맞혀보세요"라고 하면 레슬러나 경비원이냐고 되물었다. 보디빌더라고 생각하는 사람은 거의 없었다.

주요 신문이나 스포츠 잡지에는 보디빌딩 기사가 보이지 않았고, TV에서도 다루지 않았다. 대회가 언급되더라도 오늘날의 '핫도그 많이 먹기 대회' 출전자 취급을 받았다. 당시 언론에선 보디빌더를 가리켜 '근육 괴물'이나 '괴짜' 같은 표현을 자주 썼다. 보디빌더는 분명 머리가 나쁘거나 동성애자이거나 자아도취가 심할 거라는 암시가 끊이지 않았다. 혼란스러웠다.

육체를 최상의 상태로 만드는 것이 왜 기이해 보이는 거지? 이 시각을 바꿀 순 없을까? 사람들은 왜 보디빌더들이 근육을 보이기 위해 취하는 포즈나 근육의 결을 돋보이게 하는 오일에만 주목할까? 왜 우리가 오랜 세월 동안 노력하고 희생한 사실은 보지 않고, 세계 챔피언 대회를 그저 텅 빈 머리의 번들거리는 구릿빛 피부를 가진 남자들이 무대에 나란히 서서 근육을 뽐내는 행사 정도로 과소평가하는 걸까?

골드 체육관 동료들에게 이유를 물었지만 다들 모르겠다고 했다. 내가 "기자들에게 항의하자!"라고 제안해도 귀찮은 상황을 피하려 했다. 작가와 기자들이 오래전부터 편견과 질투심으로 보디빌더를 불공정하게 대했다면서 "해봤자 뭐 달라지겠어?"라고 반문했다.

내겐 말이 안 되는 소리였다. 기자들이 우리가 하루에 몇 시간이나 훈련하고, 얼마나 큰 중량을 다루며, 강인한 정신력과 절제력이 어느 정도로 요구되는지 어떻게 알겠는가? 직접 말해주지 않으면 모를 수밖에. 우리가 무슨 말을 하든 삐딱한 시선으로 바라본다면서 동료들은 기자들을 상대하기 싫다고 했다. 하지만 처음부터 소통을 피한 게 오해의 씨앗이라는 생각이 들었다.

당시 체육관에서 나는 막내였지만, 유럽에서 영업을 해본 경험을 통해 사업의 인지도를 높이고 규모를 확장하기 위해서는 아무리 비주류 스포츠라 할지라도 널리 알려야 한다는 사실을 깨닫고 있었다. 적극적인 소통과 홍보로 존재를 드러내야 했다. 그래야 사람들이 그것이 무엇이고 관심을 가져야 할 이유를 알게 된다. 쉽게 말해 무엇이든 팔아야 한다.

나는 "대중에게 보디빌딩이 뭔지 알리는 게 우리 임무"라고 동료들에게 역설했다. 신문, TV, 기자는 적이 아니라 파트너다. 우리에겐 스토리를 알릴 필요가, 그들에겐 지면과 방송 시간을 채울 콘텐츠가 필요하다. 보디빌딩 산업을 성장시키려면 우리가 직접 보디빌딩의 특별함을 이야기해 그 공간을 메워야 했다. 그들이 알아서 해주길, 그것도 우리 입맛에 맞게 해주길 수동적으로 기대해서는 안 되는 일이었다. 그래서 이 지경에 이른 게 아니겠는가. 보디빌딩의 이미지를 개선하려면 우리가 나서서 기자와 대중을 교육해야 했다. 보디빌딩을 직접 설명하고 홍보하고 팔아야 했다.

기업, 운동선수, 예술가 등 다양한 분야의 전문가들이 공통적으로 강조하는 것이 홍보와 소통의 중요성이다. 팔아라. 팔아야 한다! 아이디어나 계획이 아무리 멋져도 타인이 모른다면 시간과 노력만 허비하고, 존재하지 않는 것이나 마찬가지다.

꿈을 이루고 싶다면 이런 일을 절대 소홀히 해서는 안 된다. 자신의 비전을 세상에 파는 데 가장 준비되고 동기부여된 사람은 자기 자신이기 때문이다. 가족과 타국으로 이주하든, 축구팀을 새 도시로 옮기든, 영화를 만들든, 세상을 바꾸든, 사업을 시작하든, 농장을 사든, 군대에 가든, 제국을 세우든 자기 비전을 어떻게, 누구에게 팔지 알아야 한다.

꿈을 이루는 사람들은 고객을 잘 안다

비전을 판다는 것은 이루려는 목표를 널리 알리고, 성취하는 데 필요한 도움과 지지를 줄 수 있는 사람들이 최대한 호의적으로 받아들일 수 있도록 자신의 이야기를 전달하는 것이다. 그들이 바로 당신의 고객이다.

배우로 전향했을 때, 액션에서 코미디로 장르를 바꿨을 때 내가 비전을 팔아야 하는 대상은 에이전트, 감독, 제작자, 스튜디오 임원들이었다. 그들이 나에게 기회를 주도록 '예스'라는 답을 얻어내야만 했다. 내가 이반, 대니와 함께 유니버설 회장 톰 폴록의 사무실에서 《트윈스》 제작을 설득하려 애쓴 것도 리스크를 최소화하길 원하는 거물 고객에게 우리 상품을 파는 시도였다. 《트윈스》에 대한 우리 비전이 그의 요구사항을 만족시킨다는 점을 입증해야 했다.

"우리 목표는 같습니다. 이 영화를 바라보는 창의적 비전도 일치하고요. 자존심을 내세우지 않습니다." 내가 말했다.

"제게는 이 영화 제작을 위한 노하우가 있습니다. 1,600만 달러면 기한 내에 예산 범위에서 완성하겠습니다." 이반도 말했다.

대니는 "성공하고 나눕시다. 우리 개런티는 신경 쓰지 마세요"라고 했다.

톰은 책상 너머로 손을 내밀며 악수를 청했다. 제안이 매력적임을 인정한 것이다. 그는 환희를 노골적으로 표현했다. 의자에서 벌떡 일어나 바지 주머니를 뒤집어 내보이며 말했다. "여러분이 방금 날 어떻게 했는지 아십니까? 이게 바로 눈 뜨고 코 베이는 거군요. 네, 철저히 당했습니다. 축하드려요."

우리는 모두 웃음을 터뜨렸다.

고객 만족 성공!

주연을 맡으면서 내가 팔아야 할 대상은 제작자나 스튜디오 임원보다는 미디어와 대중이 되었다. 관객에겐 연기력을, 평론가에겐 작품성을 보여주어야 했다. 완성도 높은 영화를 넘어 사회적 기여도까지 있는 작품을 내놓아야 했다.

그런 일을 처음 대규모로 겪은 건 《터미네이터》 개봉 때였다. 거의 모든 기자가 폭력성에만 주목했다. 《코난》에서도 수많은 살인을 저질렀는데 왜 또 살인 기계 역을 맡느냐고 물었다. 지금은 상상하기 어렵지만 1980년대 초반까지 영화 평론가들의 영향력은 막강했다. 진 시스켈, 로저 에버트, 폴린 카엘, 렉스 리드, 레너드 몰틴 같은 이들의 혹평 한 방에 영화가 침몰할 수 있었다.

나는 《터미네이터》 홍보 활동 때 인터뷰에서 폭력 관련 질문을 받으면 비판을 피하지 않고 똑바로 마주하기로 결심했다. 한 기자에게는 성경을 읽었느냐고, 죽임당한 사람의 숫자만 놓고 보면 성경이 역사상 가장 잔인하고 피비린내 나는 책 아니냐고 되물었다. 또 다른 기자에게는 이 영화가 공상과학 장르이고, 내 캐릭터는 기계이며, 인류에게 기술에 대한 경고 메시지를 던지는 이야기라고 설명했다. 제임스 카메론의 각본은 이론적으로 100퍼센트 친인간적이라고도 했다. 기회가 닿을 때마다 기자들이 억지로 만들어내려는 이야기가 아니라 《터미네이터》에 담긴 감독의 진짜 의도를 전했다. 결과는 명백했다. 《터미네이터》는 흥행에 성공했고 대체로 호평을 받았다.

내가 누구를 설득해야 하는지 명확히 알고 있어서 다행이었다. 잠시 시간을 내어 자신의 상황을 되짚어본다면 누구나 그 대상을 알아낼 수 있다. 팔아야 할 이들이 분명히 드러나기 마련이니 그들에게 초점을 맞추면 된다.

당신이 도자기 공예에 대한 열정을 따라 살고자 한다고 가정하자. 훌륭한 그릇을 만들어 지역 농산물 직거래 시장이나 웹사이트에서 판매하겠다는 비전이 있다면, 그 꿈을 이루는 데는 누구의 허락도 필요치 않다. 당신이 그 세계로 들어가는 걸 가로막을 것은 없다. 하지만 도자기 공예에 필요한 도구와 재료를 준비할 자금을 대출받고 싶다면 얘기가 달라진다. 그럴 땐 은행(또는 돈 있는 친척이나 친구)의 허락이 필요하다. 그들이 당신의 고객이 되므로 그들에게 당신의 비전을 팔아야 한다.

그런데 대출이 필요 없다고 치자. 그래도 당신 편에서 꿈을 지지해줄 이들을 설득할 필요가 있다. 배우자나 부모님은 당신이 학업이나 직장을 그만두면 경제적 어려움이 닥칠까 봐 걱정할 수 있다. 이럴 때 해야 할 일은 그들에게 당신의 비전을 팔아 마음을 놓이게 하고, 찬성까진 아니어도 괜찮다는 반응 정도는 이끌어내는 것이다. 꿈을 이루는 데 반드시 그들의 동의가 필요한 건 아니므로 반대한다고 해서 꿈을 접어서는 안 된다. 하지만 지지자가 많을수록 좋으니 당신의 비전을 잘 팔아야 한다.

오스트리아에서 보낸 10대 시절, 나는 그라츠의 직업학교 학생이자 철물점 아르바이트생이 되어 판매에 관해 많은 것을 배웠다. 철물점에서는 실로 잡다한 일을 도맡아 했다. 배송, 재고 확인과 보충, 청소, 장부 기록, 고객 서비스 그리고 판매까지. 하지만 가장 유익했던 건 주인 마트차 씨를 가게에서 관찰하는 일이었다. 판매에 대해 많은 걸 배웠고, 사람들이 물건을 구매하는 이유도 깨달았다. 사람들은 그저 제품과 서비스를 구매하는 것이 아니라 어떤 생각을 사기도 한다는 사실을.

마트차 씨는 다양한 사람들에게 온갖 물건을 팔 수 있었다. 그가 사람들에게 깊은 관심을 기울이고 그들을 이해했기에 가능한 일이었다. 어느 날 오후, 타일을 고르러 온 부부가 기억난다. 마트차 씨는 예의 바르게 아내에게 인사한 뒤 남편에게로 관심을 돌렸다. 1960년대 초반 오스트리아의 문화적 분위기에서는 가장을 존중하는 인식이 강했기에 그런 행동이 자연스러웠다.

마트차 씨는 가게에 있는 타일 견본을 모두 가져와 부부 앞에 펼쳐 놓았다. 그리고 남편에게 색깔과 스타일별로 타일의 장단점을 설명하기 시작했다. 여러 종류 중 어떤 스타일과 색깔이 더 마음에 드는지 물었다. 타일을 어떤 공간에 쓸 건지, 예산은 얼마나 되는지, 언제쯤 필요한지도 물었다. 잠시 후 남편은 계속되는 질문에 짜증을 내기 시작했다. 나로서는 이해할 수 없는 일이었다. 묻지 않으면 오히려 고객들이 화를 내곤 하는 필수적이고 기본적인 질문들이었다. 그때 마트차 씨는 아내 쪽으로 관심을 돌렸다. 그녀는 질문에 관심을 보이며 타일에 대해 구체적으로 원하는 게 있어 보였다. 마트차 씨의 질문에 줄곧 귀 기울이고 적극적으로 호응하고 있었다.

마트차 씨는 자신이 엉뚱한 대상에 집중하고 있었음을 알았다. 돈을 버는 건 남편일지 모르지만, 사실상 중요한 건 아내의 의견과 결정이었다. 타일을 어떻게 쓸지에 대해 그녀가 훨씬 더 뚜렷한 비전을 갖고 있었다. 남편은 어떤 타일을 사든 신경 쓰지 않았다. 그저 아내가 원하는 걸 들어주고 계산이나 하려고 거기 있을 뿐이었다. 돈을 내는 건 남편이었지만, 진짜 고객은 아내였다. 마트차 씨가 설득해야 할 대상도 그녀였다. 그는 즉시 그녀에게 관심을 옮겼다. 남편은 제쳐둔 채 오래도록 대화를 나눈 끝에 마침내 결론에 도달했다.

"당신 생각은 어때요?" 아내가 남편에게 물었다.

"어, 그래. 당신 마음대로." 남편은 그녀가 고른 타일을 보지도 않고 건성으로 대꾸했다.

마트차 씨가 총금액이 적힌 청구서를 남편에게 건넸고, 남편은 아무 말 없이 바로 수표를 써냈다.

"방금 뭘 배웠니?" 부부가 떠난 후에 마트차 씨가 나에게 물었다.

"우리 상품을 어떻게 팔아야 할지요." 그의 의도를 알 수 없어

나는 확신 없이 대답했다.

"그것도 있지. 하지만 더 중요한 게 있어. 내가 중간에 부인에게로 관심을 돌린 걸 봤지? 이번 쇼핑의 실질적인 책임자가 부인이기 때문이야. 화장실에 어떤 타일을 쓸지 부인이 결정했어. 어떤 색을 원하는지도 부인 쪽에서 의견을 냈지. 그래서 부인에게 초점을 맞춘 거야."

"저도 봤어요." 내가 말했다.

"부부나 여러 사람이 같이 오면 누가 책임자인지 파악해야 해. 네가 파는 물건에 열정과 관심을 보이는 게 누구인지, 누가 가장 적극적으로 소통하려 하는지 말이야. 누가 고객인지, 누가 책임자인지, 누가 결정을 내리는지 알아야 한다."

나는 그날 일이 가르쳐준 교훈을 절대 잊지 못할 것이다. 사람들에게 관심을 기울이고 그들과 주파수를 맞추는 게 중요하다. 너무 쉽게 당신의 고객이 누군지 안다고 확신하지 마라. 진정으로 설득해야 할 대상이 누구인지, 누구의 반대가 큰 무게를 갖지 않는지 단번에 알아내기란 어렵다. 그러니 누가 관심을 보이는지 늘 예의주시해야 한다. 그래야 내 비전에 긍정적으로 이끌리는 사람이 누구인지, 부정적으로 받아들이는 사람은 누구인지 파악할 수 있다.

비전을 제시할 때는 당신이 하고자 하는 일에 대한 주변의 반응을 살피는 것이 매우 중요하다. 긍정적으로 반응하는 사람이 누구이고, 꼭 긍정적 반응을 이끌어내야 하는 사람이 누구인지 알아야 한다. 그러면 상대방은 모를지라도 당신은 자신의 진짜 고객이 누군지 알 수 있다.

꿈이 담긴 스토리텔링

우리 자신이 바로 첫 번째 고객이다. 비전이 중요한 이유는 자기 자신에게 가능성을 판매하기 위해서다. 하지만 결국엔 세상이 그것을 알아주어야 한다. 비전을 파는 가장 쉽고 진실된 방법은 내면의 목소리를 타인에게 전하는 것이다. 당신이 이루고자 하는 목표에 대해 스스로에게 하는 말을 남들에게도 하라.

목표를 주변에 알리는 건 꼭 필요한 일이다. 특히 실천보다 계획에 치중하는 사람이라면 더욱 그렇다. 꿈꾸기는 행동하기보다 쉽다. 큰 목표를 대외적으로 추구하는 것은 행동으로 나아가는 데 도움이 되는 좋은 방법이다. 꿈을 남들에게 알리는 일은 그 잠재력을 발휘하는 데 필수적이다. 레스토랑이나 자동차 정비소를 차리든, 선거운동을 시작하든, 고객이나 지지자가 필요하다면 모두 마찬가지다. 주변 도움이 필요하다면 당신의 목표가 무엇이든 반드시 알려야 한다.

세상에 널리 알리고 싶다면 꿈에 대해 말하는 것을 넘어 이미 꿈이 이뤄진 듯이 행동하라. 무엇을 위해 어떤 노력을 하는지 터놓고 말하되 미래형을 쓰지 마라.

"나는 멋진 보디빌더가 될 것이다"가 아니라 "멋진 보디빌더가 된 내가 보인다"라고 말하라.

"나는 주연급 배우가 될 것이다"가 아니라 "주연급 배우가 된 내가 보인다"가 되어야 한다.

선거운동 집회에서도 늘 이렇다. "차기 캘리포니아 주지사가 될 분을 무대로 모시겠습니다"가 아니라 "차기 캘리포니아 주지사를 무대로 모시겠습니다"라고 한다.

이런 말하기 방식은 매우 효과적인데 그 이유는 두 가지다. 첫째, 당신의 비전이 진짜인 것처럼 세상에 내보이므로 당신은 그것을 현실로 만들기 위해 지금 당장 열심히 노력해야 하는 입장이다. 둘째, 당신의 비전이 높은 곳에 도달하려면 타인의 신뢰가 반드시 필요한데, 이미 거기에 도달한 것처럼 말하는 것이야말로 최고의 마케팅이다. 당신이 세운 회사나 일으킨 운동에 참여하고 싶어 하는 이들에게 꿈이 이미 이뤄진 듯한 인상을 준다면 심지어 군대 동원조차 어려운 일이 아니다.

조 웨이더와 그의 남동생 벤에겐 그런 천재성이 있었다. 그들은 "보디빌딩은 언젠가 인기 스포츠가 될 것이다"가 아니라 "보디빌딩은 인기 스포츠다"라고 말했다. 그리고 온갖 수단을 동원해 그 메시지를 전파했다. 그들은 홍보 겸 해외를 방문해 국제 보디빌딩 연맹들과 네트워크를 만들 때도 그곳 정치인들에게 "보디빌딩은 국가를 세우는 일, 즉 네이션 빌딩nation-building이다" 라고 말했다. 정말이지 멋진 표현이었다!

1960년대 초 그들이 만든 잡지를 읽고 광고를 보며 어린 나는 당연히 웨이더 형제가 말하는 보디빌딩에 관한 모든 것을 믿을 수밖에 없었다. 전 세계인이 열광하는 주류 스포츠라고 말이다. 보디빌딩 챔피언들이 영화에도 출연했으니까. 잡지 표지를 장식하고 머슬 비치 같은 유명 장소에서 아름다운 여성들과 함께 사진을 찍고. 제품 광고 모델도 했으니 보디빌딩은 엄청나게 인기 있는 스포츠라고 여겼다.

하지만 현실과는 달랐다.

1968년 말 LA 베니스 비치에 도착하자마자 나는 조가 약간 과장했다는 걸 알 수 있었다. 머슬 비치는 폐쇄된 지 거의 10년이 되었고, 한쪽엔 서핑보드를 다른 한쪽엔 금발 미인을 낀 보디빌더도 없었다. 보디빌더들은 부자도, 유명인도 아니었다. 웨이더 뉴트리션Weider Nutrition은 엄청나게 큰 기업이고 보디빌딩 산업은 물론 모든 산업의 중심이라고 굳게 믿었는데, 사실은 그저 잘나가는 평범한 미국 회사에 불과했다. 여러 지사가 있고 직원도 제법 많고 매출도 상당했지만, 내가 웨이더 잡지에서 본 그의 이름이 적힌 비행기는 없었다. 실제로는 빌린 비행기에 가짜 로고를 붙여 촬영한 사진이었다.

그러나 상관없었다. 조는 오랜 세월 나를 포함한 수많은 이들이 비전을 실현하고 성공의 다음 단계로 나아가려면 미국으로 가야 한다고 마음먹게 했다. LA는 내가 다음 단계로 가기 위해 있어야 할 곳이었다. 보디빌딩을 진정한 주류 스포츠로 만들려면 예상보다 훨씬 더 큰 노력이 필요하다는 냉혹한 현실 이해는 부지런하고 열정 넘치는 스물한 살 청년에겐 전혀 문제가 되지 않았다. 조는 나를 매혹시켜 미국으로 데려올 만큼 보디빌딩이 성장할 토대를 잘 닦아놓았다. 이제 내가 나서서 열심히 뛰며 내 비전을 팔고 보디빌딩을 키우고 사람들을 이끌어야 할 차례였다.

나는 홍보 전문가를 고용해《데이팅 게임》,《마이크 더글러스 쇼》그리고 나중에는《조니 카슨의 투나잇 쇼》에 출연했다. 전국을 순회하며 세미나를 열어 보디빌딩 관련 소책자를 나눠 주고, 보디빌딩을 널리 알리며 관심 있는 이들을 가르쳤다. 보디빌딩이 인기 스포츠라고 말할 기회가 생기면 절대 놓치지 않았다. 1973년 찰스 게인즈, 조지 버틀러와 그들이 집필할 책 『펌핑 아이언』*Pumping Iron*(보디빌딩의 세계와 아놀드 슈워제네거의 이야기를 담고 있으며, 이 책을 통해 1970년대 후반에 펼쳐질 보디빌딩의 대중화를 위한 기반이 마련되었다—편집주)을 논의한 것도 그 때문이었다. 그 책은 이후 10년간 펼쳐질 일의 밑거름이 되었다.

1974년 여름 『로스엔젤레스 타임스』 기자와의 인터뷰에서 나는 보디빌딩에 대한 그릇된 인식을 바로잡고 이 스포츠의 진면모를 설명했다. 조가 잡지 기사로 내게 보디빌딩을 팔았듯, 나도 그 기자에게 보디빌딩을 팔았다. 그 결과 나를 "보디빌딩계의 베이브 루스"라 칭하는 상당한 분량의 공정한 인물 기사가 탄생했다. 스포츠면 맨 앞장에는 보디빌딩으로 벌어들인 수입을 과시하는 제목과 함께 내 전신사진이 실렸다. 몇 달 뒤『스포츠 일러스트레이티드』는 그해 매디슨 스퀘어 가든에서 열린 미스터 올림피아 대회 기사를 내보냈다. 인기 스포츠의 유명 선수들을 다루듯이 말이다.

2년도 안 돼 미스터 올림피아는 ABC 방송의 〈와이드 월드 오브 스포츠〉를 통해 역사상 처음으로 미국 TV에 중계되었다. 앤디 워홀, 로버트 메이플소프, 르로이 네이먼, 제이미 와이어스 같은 저명 예술가들이 나를 사진 찍고 그렸다. 1976년 2월, 나와 프랭크 제인, 에드 코니는 뉴욕 휘트니 미술관의 전시, "또렷한 근육: 예술에서 남성의 몸"에서 역사학자와 예술 평론가들 앞에서 포즈를 취해달라는 요청을 받았다.『스포츠 일러스트레이티드』는 이 전시를, 보디빌더들에 대해 운동선수가 아니라 "개인의 독특한 창작물 안에서 살아가는 예술가"로 볼 기회라 평했다. 그 행사는 너무나 인기가 높아 미술관 측이 관람객들에게 바닥에 앉아달라고 부탁할 정도였다!

1970년대 초까지만 해도 "근육 덩어리 괴짜"로 불리던 작고

괴상한 하위문화에 불과했던 우리가 어느새 예술가 혹은 예술 작품으로 평가받고, 『로스엔젤레스 타임스』나 『스포츠 일러스트레이티드』 같은 매체에서 우리를 공정하게 조명하는 기사를 싣기 시작하다니…. 상상조차 할 수 없던 변화였다. 믿기 어렵지만 현실이 되었다. 내가 보디빌딩의 얼굴이 됨으로써 마침내 우리 모두가 바라던 대로 보디빌딩을 설명하고 이미지를 만들어 보디빌딩에 대한 인식을 발전시킬 수 있었다.

1975~1976년에 이르러 보디빌딩은 하위문화에서 주류 문화로 도약했다. 1970년대 말엽, 댄서부터 의사까지 다양한 사람들이 웨이트 트레이닝을 시도했다. 사람들은 체형 관리, 건강 증진, 체력 향상을 위해 역기를 들었고, 물리치료와 재활 목적으로도 활용했다. 다른 종목의 운동선수들 역시 경쟁력을 높이기 위해 웨이트 트레이닝을 도입했다. 그 결과 헬스장이 우후죽순 생겨났다.

조는 이런 일이 벌어지리라 예견한 듯했다. 애초에 그가 내게 비행기표를 사주고 미국행을 권유하며 정착을 도운 이유이기도 했다. 그는 내가 어떻게든 보디빌딩을 홍보하여 반드시 꿈을 이룰 사람임을 알아봤다. 그 과정에서 자신의 꿈 또한 이뤄지기를 바랐던 것이다.

이것이 비전의 잠재력을 완전히 끌어낸 조 웨이더만의 방식이었다. 조는 탁월한 영업 기술로 보디빌딩을 실제보다 훨씬 더

멋지게 포장했고, 그 약속을 실현하기 위해 모든 결정을 내리고 행동에 옮겼다. 그는 지금의 노력을 계속하기만 하면 사업과 보디빌딩이 언젠가는 반드시 성취할 성과를 세상에 먼저 보여준 몽상가이자 마케터, 홍보가였다. 그는 같은 꿈을 꾸는 이들에게 목적지에 이르는 길을 제시했다. 보디빌딩을 주류로 끌어올리는 데 참여하고 싶다면 누구나 합류할 수 있음을 보여준 것이다. 아직 실현되지 않았지만 결코 거짓말은 아니었다. 시간문제일 뿐, 기필코 이뤄질 일이었다. 오늘날 피트니스 산업은 연간 1,000억 달러(약 140조 원) 규모의 시장으로 성장했다.

조는 시대를 앞서갔다. 깨닫진 못해도 많은 유명 기업가가 조의 뒤를 잇고 있다. 기업 가치 10억 달러가 넘는 '유니콘'으로 자란 에어비앤비를 비롯한 실리콘밸리 스타트업들도 그의 홍보와 판매 방식을 택했다. 만약 에어비앤비 창업자들이 누구나 전세계 어디서든 숙소를 구할 수 있게 한다는 획기적인 아이디어에 담긴 잠재력에 주목하지 않고, 애초 구상대로 컨퍼런스가 열리는 도시에서 호텔이 매진됐을 때 이용할 대안 정도로만 여겼더라면 지금처럼 엄청난 성공을 거두진 못했을 것이다. "이 아이디어가 더 크게 발전할지도 모르니 지켜봅시다"라고 말하는 데 그쳤더라면, 그리고 회사의 커다란 비전이 이미 반쯤은 실현된 것처럼 자기 꿈을 팔지 않았더라면 아무도 투자하려 들지 않았을 것이다. 나는 이 판매의 기술을 일찍이 조에게서 배웠다.

내가 좋아하는 동기부여 명언이 있다. "보아라. 믿어라. 이뤄
내라." 하지만 중간에 한 단계가 빠진 것 같다. 바로 '설명하라'
이다. 목표를 달성하려면 목표를 설명해야만 한다. 다른 사람들
과 공유해야 한다. 일단 자신의 목표를 내면화한 뒤 다른 사람
들에게 알려야 한다. 당신 마음속에서 싹튼 아주 작은 아이디어
가 당신과 그들의 인생을 바꿀 엄청난 잠재력을 지닌 거대한 꿈
으로 폭발했다고 말이다.

과소평가 받아도 괜찮다

유능한 세일즈맨은 성공과 평생 고객 확보의 비결을 알고 있다.
그것은 고객이 거래를 통해 기대 이상을 얻었고 자신에게 유리
했다고 느끼게 만드는 것이다. 자기 자신을 파는 경우에는 상대
방의 기대치를 낮추는 것이 가장 좋은 방법이다. 고객의 기대가
낮아도 겁낼 필요 없다. 오히려 고객을 감동시키고 나를 더 쉽
게 팔 수 있는 기회다.

2003년 새로운 주지사를 뽑는 주민소환 투표 2주 전, 나는
4명의 주요 후보와 함께 TV 토론에 출연했다. 이 치열한 선거
전에서 가장 중대한 순간이었다. 각종 매체에서 몰려든 기자만
500명이었고 세트장에는 최소 60대의 카메라가 준비되어 있었

다. 지상파는 물론 전국 케이블 방송에도 생중계되었다. 그 주 여론조사에서 유권자의 3분의 2는 이 토론회가 투표에 큰 영향을 미칠 것이라 답했다. 민주당의 주요 후보였던 크루즈 부스타만테가 여론조사 선두를 달리고 있었다. 상황은 예측할 수 없었지만 뉴스를 보면 다들 내가 토론을 망칠 것으로 예상했다.

몇 주간 나의 신뢰성에 의문이 제기되었다. '저 영화배우가 지금 제정신일까? 보디빌더 출신이 정치를 뭘 알겠어? 똑똑할까? 부자에 유명하긴 해도 정치에 진짜 관심이 있어서 저러는 걸까? 인구 4천만, 세계 6위 경제 규모의 캘리포니아를 이끌 자격이 있을까?'

솔직히 이 모든 의심으로 내 자존심은 상할 대로 상했고 너무 답답했다. 미국에 온 순간부터 끊임없이 이런 의심에 직면해야 했다. 어디를 가든, 무엇을 하든 마찬가지였다. 의심의 이유는 언제나 같았다. 사람들은 나 같은 사람을 본 적이 없었다. 1970년대 로스엔젤레스에선 106킬로그램의 근육질 남자가 흔치 않았다. 80년대 할리우드 액션 영웅 중엔 실제로 악당을 해치울 것 같은 이가 없었다. 근육질에 외국어 억양이 강한 남자 배우가 주연급 배우로 활동하는 경우도 없었다.

처음 심야 토크쇼에 출연했을 때가 기억난다. 간단하기 짝이 없는 질문에 답했는데 진행자가 "아, 말할 수 있군요! 맙소사, 여러분, 말을 합니다!"라고 호들갑을 떠는 것이었다. 방청객도 모두 환호했다. 정계에 진출하려는 이때에도 똑같은 일이 벌어지고 있었다.

권력층이나 영향력 있는 이들에게 당신의 비전을 팔아야 할 때는 그들이 당신에게 절호의 기회를 주고 있음을 알아야 한다. 만약 그들이 당신 같은 유형을 처음 본다면, 당신의 능력을 과소평가할 가능성이 크다. 자존심 상한다고 그들의 오해를 당장 바로잡으려 들지 마라. 오히려 승리와 목표 달성에 집중하면서 그들의 의심과 과소평가를 이용해 대화, 인터뷰, 협상을 당신이 원하는 방향으로 자연스레 유도할 수 있다.

이런 대화 기술을 브리징bridging이라 한다. 상대방이 아닌 나에게 도움 되는 방향으로 자연스레 이동해 적대적 토론을 통제하거나 까다로운 질문을 피해 갈 수 있다. 나는 이 기술을 오랜 친구이자 멘토이며 아놀드 스포츠 페스티벌 사업 파트너였던 고 짐 로리머에게 처음 배웠다. 짐은 변호사, FBI 요원, 정치인, 보험사 임원, 법학 교수, 법률 서적 저자였다. 그는 상대가 묻는 말에 답하는 것이 아니라 자신이 원하는 대답을 하는 법을 알고 있었다.

요지는 이랬다. 당신 얼굴에 마이크를 들이대고 질문 세례를 퍼붓는 사람들은 절대 당신 편이 아니다. 상대에겐 그만의 목적이 있다. 기삿거리를 찾든, 논란이 될 발언을 유도해 더 큰 논란을 일으키든, 아니면 그저 당신을 나쁘게 보이게 하든.

기죽지 마라. 당신은 그들에게 빚진 게 없다. 그들이 당당하게 요구하는 그런 답을 해줄 필요가 없다. 이 시간은 그들의 시간이지만 당신의 시간이기도 하다. 그들에겐 흥미로운 이야기를 만들 기회지만 당신에겐 당신의 이야기를 들려주고 비전을 팔 기회다. 따라서 그들이 듣고 싶어 하는 말이 아니라 목표 달성을 위해 당신이 해야 할 말로 옮겨 가라.

짐이 가르쳐준 방법은 이렇다. 질문을 경청하고 우선 질문자의 전제를 수용하는 것으로 대답을 시작해 공감대를 형성하라. 이렇게 상대를 편안하게 한 뒤 곧바로 '질문의 틀'을 바꾸고 하고 싶은 얘기를 하는 것이다. 예를 들면, 이렇다.

"아놀드, 당신은 공직 경험이 전혀 없는데 미국 최대의 주를 이끌 수 있다고 생각하나요?"

"좋은 질문입니다. 하지만 더 좋은 질문은 미국 최대 주가 어떻게 이 주를 엉망으로 만든 바로 그런 부류의 정치인들과 계속 함께할 수 있느냐는 거죠."

유도와 비슷하다. 당신을 과소평가하는 이들의 움직임에 저항하려 하지 마라. 오히려 상대의 기세를 이용하라. 상대를 붙잡은 뒤 방향을 홱 틀어 경기장 밖으로 던져버려라. 허튼소리는 그것이 어울리는 쓰레기장으로 보내라.

평론가들과 기자들이 토론 전에 던진 거만한 질문들은 오히려 내 목표를 식은 죽 먹기로 만들었다. 내가 아주 낮은 기준만

넘어도 유능한 주지사 후보로 각인시키고 나를 유권자들에게 팔 수 있게 되었다. 그들이 나에 대해 단순한 이야기만 퍼뜨려 준 덕분이었다. 토론회가 다가올 때쯤엔 주지사 후보로서 내 평판이 너무 나빠서, 술 취하지 않은 멀쩡한 모습만 보여도 언론의 기대를 만족시킬 정도였다.

나는 기대를 뛰어넘기로 마음먹었다. 후보들이 기괴한 V자 모양 연단에서 서로를 공격하며 토론회가 아수라장이 될 때, 나는 사회자의 질문과 경쟁자들의 비난을 리더십에 관한 이야기로 바꾸는 데 주력했다. 내가 꿈꾸는 정책을 이야기하고 적절한 농담도 던졌다. 무소속 후보 아리아나 허핑턴은 《터미네이터 4》에 그녀를 캐스팅하겠다는 내 농담을, 크루즈 부스타만테 후보는 "그레이 데이비스의 속편"이라는 나의 표현을 못마땅해했다 (그레이 데이비스는 아놀드 슈워제네거 이전에 캘리포니아 주지사였던 민주당 출신 정치인이고, 부스타만테는 2003년에 민주당 후보로 출마했다—편집주).

토론회에서 내 목표는 경청하고 소통하는 능력을 갖춘 전사이자, 이제 캘리포니아 주민을 최우선으로 여기며 받은 것을 되돌려주고 싶어 하는 애국자 이미지를 만드는 것이었다. 한마디로 유권자들에게 내가 주민소환을 초래한 정치인들과는 정반대임을 보여주고 싶었다.

결과는 대성공이었다.

토론 전날 여론조사에서 내 지지율은 약 25퍼센트였다. 그러나 불과 2주 뒤 투표일에 나는 48.6퍼센트로 총 420만 표를 얻었다. 2, 3위를 합친 것보다 30만 표 이상 많았다.

모두가 놀라움을 금치 못했다. 선거 후 전국 언론은 내 지지율이 어떻게 그리 급등했는지에 대해서만 얘기했다. 하지만 갑작스러운 일은 아니었다. 나는 쉬지 않고 토론을 준비했다. 농담을 연습하고 요점을 완벽히 익힐 때까지 반복했다. 캘리포니아의 미래를 위해 가장 중요한 정책들을 철저히 이해했다. 간단히 말해 평소의 나답게 준비했을 뿐이다. 그저 사람들이 그때까지 과소평가했던 내 진면목을 알게 된 것뿐이었다.

진정한 자신의 이야기를 팔아라

2005년 11월 10일, 캘리포니아 주지사로 재임한 지 2년째였다. 나는 많은 반대에도 불구하고 강행했던 주 광역 특별 선거에서 막 크게 패배한 상황이었다. 주의회에서 진척이 없던 네 개의 법안을 투표에 부친 것이다. 선거 직후 의사당 기자회견에서 말했듯, 나는 확고한 신념으로 무언가를 하기로 마음먹으면 때로 강압적이고 조급해지곤 한다.

그 선거 운동은 매우 힘들었다. 돈도 많이 들었고, 공개적으로, 사적으로 많은 싸움에 휘말렸다. 언론 보도도 우호적이지 않았다. 결과적으로 내 지지율은 33퍼센트까지 추락했다. 부시 대통령의 캘리포니아주 지지율보다 낮다는 건 상당히 의미심장 했다. 재선 선거 운동이 코앞인데 분석가들은 내가 정치판을 오판해 남은 임기를 망쳤다고 내다봤다.

캘리포니아 주민들이 나를 주지사로 선출한 건 현상을 타파하고 주의회를 장악한 특수 이익 집단과 싸우라는 의미였다. 그러나 주 광역 특별 선거 결과로 유권자들은 이렇게 말하고 있었다. "이봐, 슈니첼schnitzel(독일과 오스트리아 등에서 즐겨 먹는 돈까스 비슷한 고기 요리—옮긴이), 당신이 일하라고 뽑았더니 되레 우리한테 일을 시키면 어떡해." 나는 그날 기자회견장에서 기자들과 카메라를 통해 캘리포니아 주민 3,500만 명에게 그들의 뜻을 제대로 받아들였음을 분명히 했다.

"저는 이 선거에 대한 모든 책임을 지겠습니다. 실패에 대한 모든 책임을 지겠습니다. 절대로 책임 전가하지 않겠습니다." 내가 말했다.

참모들이 내 뒤에 서 있었다. 전날 팀원들에게 보고받고 함께 보고서를 파헤치며 숫자를 파악하려 애썼다. 결과는 암울했다. 내가 투표에 붙인 네 개의 법안 중 무려 세 개가 두 자릿수 차이로 반대가 더 많았다. 이건 팀원들의 잘못이 아니었다. 그들에게 그렇게 말해줬다.

기자회견장으로 가기 전, 상하원 지도부와 비공개 조찬 회의를 열고 몇 시간을 담소했다. 메뉴는 '거 봐, 내가 뭐랬어'를 곁들인 '굴욕'이었다고나 할까. 나는 둘 다 가만히 삼켰다. 5개월 전 특별 선거를 발표할 때만 해도 언론 앞에 서서 결과에 책임지겠다고 말하리라곤 상상도 못 했다.

잠깐 내 입장이 돼보라. 그 기자회견장에서 내 기분이 어땠을까? 적들은 물론 나를 가장 믿어준 이들 앞에서. 캘리포니아주는 물론 온 미국 앞에 서서 내 잘못을 인정하는 심정 말이다. 내 실수로 많은 이를 실망시켰고, 그 누구도 아닌 오로지 내 탓이라고 말하는 그 기분.

뜻밖일 수도 있겠지만 전혀 힘들지 않았다. 알다시피 솔직히 선거 결과에—선거 자체를 강행한 것에— 책임지는 일은 높은 위치의 정치인에게는 흔한 모습이 아니다. 하지만 내겐 결코 낯선 일이 아니었다. 나는 책임을 회피하지 않는다. 나 자신에 대해서도, 실패와 성공을 막론하고 내가 하는 모든 일에 대해서도 그렇다. 이번 일은 논란의 여지가 있는 결정이긴 하지만 불편한 진실을 마주하고 받아들이는 또 하나의 경험일 뿐이었다.

주지사 선거 때는 과거의 마리화나 사용에 관해 기자들의 추궁을 받았다. 나는 다른 정치인과 달리 회피하지 않았다. "맞습니다. 깊이 들이마셨죠." 어떤 기자는 내가 1980년대 초에 『플레이보이』에서 찍은 영상을 들먹였다. 브라질 카니발을 신나게 즐기는 장면이었다. 굳이 변명하거나 부인하지 않고 이렇게만 말했다. "그땐 정말 재밌었죠." 사실이니까.

왜 거짓말을 해야 하겠는가? 무슨 의미가 있나? 사람들이 나를 뽑은 이유는 내가 완벽한 척하는 전형적인 정치인이 아니기 때문이었다. 나는 재미있게 노는 것을 좋아하는 보통 사람이다. 지금의 나를 만들어준 일들을 부정할 이유가 있을까? 그러면 내가 아니라 모르는 사람의 이야기를 팔아야 할 것이다.

한번 진지하게 생각해볼 문제다. 내가 아닌 다른 사람인 척하는 게 정말 가치 있는 일일까? 자신의 진실한 이야기에서 달아나 남이 내 이야기를 하게 내버려두면 어떻게 될까? 그럼 나는 어디로 가게 될까? 장담컨대 결코 좋은 곳은 아니다. 있는 그대로의 자신을 받아들여라! 자신의 이야기를 받아들여라! 마음에 들지 않거나 부족하거나 부끄럽더라도 그래야 한다. 과거에서 도망쳐 숨고 자신의 진실한 이야기를 부정하고 딴 이야기를 파는 건 안 된다. 아무리 좋은 의도라도 사기꾼과 다를 바 없다. 좀 더 직설적으로 말하자면… 정치인처럼 된다.

그런 의미에서 특별 선거 결과에 책임지기로 한 것은 당연한 선택이었다. 애초 주지사 선거에 나서기로 결심했을 때 캘리포니아에서 품은 내 비전을 실현하기 위해서라면 응당 옳고 현명한 일이기도 했다. 내가 직접 나서서 무슨 일이 있었고, 왜 그랬으며, 누구 책임이고, 이제 어떻게 달라질지 설명해야만 했다.

내가 내 이야기로 그 자리를 채우지 않으면 지금 내 앞에 선 적들과 기자들이 만들어낼 테니까. 그들은 내 말을 제멋대로 왜곡하고 나와 뜻이 다른 사람들의 말을 이용해 자기들 멋대로 그렇게 할 테니까.

특별 선거가 왜 실패였을까? 역설적이게도 내가 이야기를 제대로 전달하지 못했기 때문이다. 투표에 부친 모든 법안의 가치를 주민들에게 제대로 제안하고 파는 데 실패했다. 그 법안들을 캘리포니아에 대한 나의 비전과 연결 짓지 못했다. 각 법안의 핵심 사안을 효과적으로 전달하지 못했다. 왜 그랬을까? 수사법이 너무 공격적이었다. 설명이 너무 전문적이었다. 사람들의 삶에 중대한 영향을 끼치는 문제니 당연히 무슨 말인지 이해하고 알아들을 것으로 생각했다.

한마디로 고객이 누구인지 잊어버린 거였다. 내가 설득해야 할 중도층과 부동층 유권자들은 제시한 법안들이 자기 삶과 어떤 연관이 있는지 알아채지 못했다. 공립학교 교사 영구 고용 자격 보장, 주 지출 제한, 공무원 노조 회비 제한, 선거구 재구획…. 심지어 선거구 재구획 개혁안조차 공감을 얻지 못했다. 애초에 선거구를 다시 그리려는 '이유'가 아니라 경계를 새로 정하는 '방식'에만 초점을 맞췄기 때문이었다. 정치인들의 손에서 선거구 조작 권한을 빼앗아 와서 유권자들의 삶의 방식을 더 정확히 반영하게 하는 게 목적이었는데 말이다.

쉽게 말해 나는 캘리포니아 주민들이 관심조차 없는 하찮은 일에 파묻혀 있었다. 내 잘못이었다. 다신 그런 실수를 반복하지 않겠다고 다짐했다. 그렇다고 주의회와의 논쟁을 그렇게 끝낼 생각은 없었다. 계속 전진하면서 함께 협력할 수 있는 문제가 무엇인지 찾아내 그 부분의 법안을 통과시키기 위해 매진할 작정이었다. 이것이 내가 기자회견에서 약속한 바였고 실제로 지켰다.

믿을 수 없다고? 그 후 몇 년이 어떻게 흘러갔는지 말해주겠다. 이듬해 주의회와 나는 그 어느 때보다 적극적으로 힘을 합쳤다. 우리가 힘을 모아 진행한 건설적인 회의는 여러 성과를 냈다.

2020년까지 온실가스 배출량을 25퍼센트 감축하는 환경법 의회법안 32Assembly Bill 32, 지금까지 시도된 가장 야심찬 태양에너지 정책으로 '100만 개의 태양 지붕' 프로젝트로 알려진 상원 법안 1Senate Bill 1, 캘리포니아의 도로·고속도로·다리·교실·제방·서민주택·철도 등을 재건하는 500억 달러 규모의 인프라 패키지 법안 등등. 그중에서도 내가 인프라 패키지법을 사람들에게 팔 수 있었던 핵심 열쇠가 무엇이었는지 아는가? 2005년 특별선거의 교훈을 살려, '인프라'와 같은 전문용어는 거의 쓰지 않았다. 대신 낡은 도로를 보수하고 새로 만들어야 부모들이 아이 축구 연습에 늦는 일이 줄어들 거라고 말했다. 다리와 철도를 고쳐야 사람들이 필요한 물건을 제때 살 수 있다고 했다. 유권자들에게 사람과 물자가 신속히 이동할수록 우리 주의 경제력이 높아진다고 역설했다. 선거구 획정에서 비롯되는 부패와 불평등을 논하기보다는 정치인들의 손에서 권력을 되찾아 유권자들에게 돌려주고 싶다고 설명했다. 내가 설득하려는 이들의 삶과 진정 맞닿아 있는 언어로 내 이야기를 풀어냈다. 그리고 2006년 6월, 나는 2003년보다 높은 득표율(55.9퍼센트)과 더 많은 표(485만 표)로 주지사 재선에 성공했다.

내가 특별선거 후 기자회견을 열지 않았다면 어땠을까? 집무실에 틀어박혀 아무와도 대화하지 않고 어떤 입장도 밝히지 않았더라면? 내 실수에 대해 책임을 인정하지 않고 사과하지도 않았다면 나는 전형적인 정치인과 다를 바 없었을 것이다. 유권자들이 믿고 뽑아준 정치인과는 정반대 모습이 되었을 것이다. 하지만 더 끔찍한 건, 그랬다면 언론에게 제 입맛대로 보도하라고 전권을 내준 꼴이 되었을 거라는 점이다. 분명 최악의 기사로 도배되었을 것이다. 아마 이런 식이었겠지. "아놀드가 냉혹하고 오만하며 현실 감각 없는 문제의 정치인이 되기까지는 고작 2년밖에 걸리지 않았다." 비난 일색의 기사 제목도 눈에 훤히 보인다. "유권자들이 터미네이터가 되어 아놀드를 제거하다." "액션 영웅의 종말." "아스타 라 비스타, 거버네이터."(Hasta la vista는 스페인어로 작별 인사를 뜻하며《터미네이터 2》에서 아놀드의 대표 대사였다. '거버네이터'는 주지사governor와 터미네이터Terminator를 합친 말로 주지사 시절 아놀드의 별명이었다—옮긴이).

하지만 그런 기사는 나오지 않았다. 당시 언론 보도는 2003년 주지사 후보 토론이나 주민소환 투표 때와는 전혀 달랐다. 충격도, 놀라움도 없었다. 가십이나 조작된 내용도 없었다. 솔직히 2005년의 뉴스들은 지루했다. 너무 사실에 기반해서 흥미가 떨어질 정도였다. 전형적인 정치 분석과 논평이 주를 이루었다. 내가 직접 내 이야기를 쓰기로 선택했기 때문이었다. 당신에게도 선택권이 있다.

특별선거가 끝나고 이틀 동안, 분석가들은 나의 몰락을 점치며 민주당이 장악한 주의회가 이젠 누가 봐도 레임덕인 공화당 주지사와 협조할 일은 절대 없을 것으로 못 박았다. 하지만 그들은 8개월도 안 돼 내가 압도적 표차로 주지사에 재선되리라는 걸 상상조차 못 했을 것이다. 그런 일은 공상과학영화에나 가능하다고 여겼을 테니까. 하지만 실제로 그런 일이 일어났다.

진실한 사람이 들려주는 진실된 이야기보다 더 잘 팔리는 건 없다. 특히 자기 자신에 관한 얘기라면 더더욱 그렇다. 선거에 당선되거나 잡지에 특집기사로 실리는 것만 해당되는 게 아니다. 직장에서 연봉 협상을 하든, 흥미로운 이성에게 잘 보이려하든, 입대를 위해 가족을 설득하든 마찬가지다. 꿈이 무엇이든 자신을 팔아야 한다. 자신이 원하는 그 인생 이야기를 팔아야 한다. 내가 나서서 정직하게 내 이야기를 들려주지 않으면 남들이 멋대로 내 이야기를 만들어내고 자기 이익을 위해 이용할 것이다.

겁이 날 수도 있겠지만 분명히 말하건대, 당신도 해낼 수 있다. 나는 제법 오래 살았고 세계 곳곳의 행복하고 성공한 인물들을 많이 만나봤다. 유명인사, 권력자, 흥미롭고 창의적인 사람들, 평범하고 선량하며 근면한 사람들까지. 그들의 공통점은 절대로 자기 이야기를 타인이 쓰도록 두지 않는다는 거다. 자신의 비전을 어떻게 잘 팔 수 있을지 알고, 평화롭고 자신감 넘치는 자세로 세상을 헤쳐 나간다.

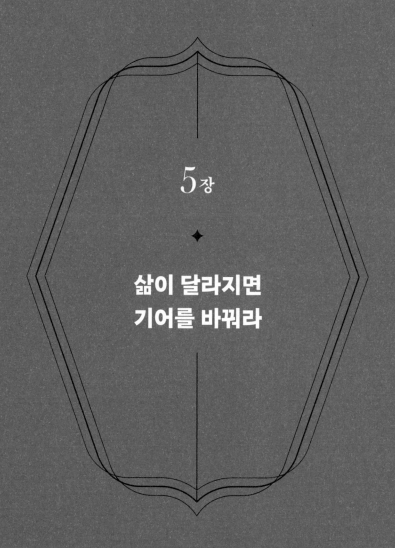

ARNOLD SCHWARZENEGGER

5장

◆

**삶이 달라지면
기어를 바꿔라**

Be Useful

2020년 3월, 나는 대부분의 사람처럼 집에 갇혀 TV 뉴스에 눈을 떼지 못하고 있었다. 치명적인 바이러스가 전 세계로 무섭게 확산되어 미국 전체를 봉쇄로 몰아넣었다. 팬데믹 초기, 미국 대통령과 캘리포니아 주지사는 병원 직원들과 최초 대응자들을 위한 인공호흡기와 마스크 같은 개인보호장비PPE가 턱없이 부족하다고 호소했다. 전략적 비축 물량이 조금 있지만 곧 바닥날 것이고, 급증하는 수요를 감당할 장비 확보까지는 몇 주, 어쩌면 몇 달이 걸릴 수도 있다고 했다. 인공호흡기는 언제쯤 가능할지 전혀 가늠할 수 없는 상황이었다.

내가 제대로 들은 걸까? 미치지 않고서야 이런 상황이 사실일 리 없었다. 세계 인구 3위, 경제 규모 1위인 미국에서 '마스크'가 부족하다니, 이게 무슨 소리인가? 도저히 믿을 수 없는 일이었다.

환자이자 정치인으로서 로스엔젤레스의 몇몇 병원과 오랫동안 인연을 맺어온 터라 그쪽에 전화를 걸었다. UCLA 메디컬 센터, 시더스-사이나이, 마틴 루터 킹 주니어 커뮤니티 병원, USC 케크 병원, 산타모니카 메디컬 센터에 연락해 관계자들에게 상황이 어떤지 물었다. 모두 개인보호장비 확보에 진땀을 빼고 있었다. 일부 병원에서는 벌써 의사와 간호사들이 집에 마스크를 가져가 세탁해 다음 근무 때 재사용한다고 했다. 다른 병원들도 사정이 좋지 않았지만, 벼랑 끝으로 내몰리기 전에 주 정부가 해법을 찾아주기를 바라고 있었다.

너무 답답한 노릇이었다. 2006년 아시아에서 조류독감이 발생했을 때, 나는 향후 팬데믹에 대비하고자 의료체계 가동허용치 이니셔티브Health Surge Capacity Initiative를 통해 캘리포니아주의 의료 보급품과 장비 물량을 전략적으로 비축하는 데 2억 달러 이상을 투입했다. 여기에는 N95 마스크 5,000만 개, 인공호흡기 약 2,500개는 물론 축구장 크기의 이동식 병원을 설치할 수 있는 장비 일체와 비축 물량 유지 자금이 포함되었다.

그러나 5년 후, 연간 수백만 달러를 아끼겠다며 예산이 부족하다는 이유로 내 후임자는 자금 지원을 중단해버렸다. 물량 유지를 위한 추가 자금이 중단되어 마스크와 인공호흡기를 모두 사용할 수 없게 되었다. 지역 병원들에 제공한 물량도 마찬가지 였다.

그때의 전략적 비축 물량이 계속 유지되었더라면 코로나19 초기에 모든 병원에 필요한 물량을 쉽게 지원할 수도 있었을 것 이다. 그런데 지금 미국에서 두 번째로 큰 도시의 병원 관계자 들이 미국 최대 주의 지도자들에게 도움을 요청하고, 또 그들은 세계 역사상 가장 부유한 나라의 지도자들에게 지원을 호소하 고 있는데, 누구 하나 뾰족한 수가 없는 어처구니없는 상황이 벌어지고 있었다. 사람들이 정치인을 싫어하는 이유도 이해가 간다. 저들은 오픈마켓도 모르나? 당장 알리바바에 들어가 수많 은 중국 공장에 마스크 1,000만 장을 주문하면 될 텐데? 아니면 제품을 대량 구매해 전 세계로 배송해주는 거대 물류 회사에 연 락해도 되고 말이다.

그 무능함에 펄쩍 뛸 지경이었다. 하지만 나는 공개적으로 발 언하거나 지도자들을 비난하지 않았다. 우선 그 자리에 있어본 경험이 있어서, 위기 상황에서는 해결책이 아무리 명확해 보여 도 겉보기와는 달리 훨씬 복잡하다는 걸 잘 알고 있었다.

하지만 더 큰 이유는 내 원칙 때문이다. 상황을 개선할 준비 가 되어 있지 않다면 절대 불평하지 않는다는 원칙 말이다. 눈 앞의 문제에 대한 해결책도 제시하지 않은 채 상황이 안 좋다고 투덜거리기만 하는 소리는 듣기 싫다. 그 문제가 당신에게 해결하고자 하는 동기를 주지 못했다면, 사실 상황이 그렇게까지 나쁘지는 않았다는 의미다.

불평한다고 목표에 가까이 다가갔던 적이 있던가? 꿈은 열심히 움직이고 노력해서 이루는 것이지, 불평으로 이루는 게 아니다. 게다가 문제와 역경은 지극히 평범한 삶의 일부다. 당신의 비전이 무엇이든 앞으로 고난의 시기가 찾아올 것이다. 당신을 힘들게 하고 죽도록 괴롭히는 일들이 생길 것이다. 그 순간을 다루는 법을 배워야 한다.

기어를 바꿔 긍정적인 면을 찾는 법을 익혀야 한다. 실패를 재구성하고 현재의 리스크를 이해해야 한다. 가만히 앉아 불평하는 게 아니라 문제와 똑바로 맞서야 이 모든 기술을 연습할 기회가 생긴다.

마스크 부족 사태 때 나도 기어를 바꿨다. 파티오에서 뉴스를 보며 룰루와 위스키(내 당나귀와 미니어처 말)에게 투덜거리고 하소연하는 것에서, 무능한 정치인들이 자초한 문제를 해결하는 쪽으로 말이다. 기어를 전환하면 지금 내가 있는 인생 단계에서 품은 비전을 실행할 기회가 생긴다는 사실을 깨달았다. 가능한 한 많은 이를 돕는 것 말이다.

비서실장에게 전화를 걸었다. 그의 아내는 거대 물류 회사에서 일했다. "사람들을 돕기 위해 우리가 할 수 있는 일이 있는지 부인에게 물어봐 주시겠어요?"라고 했다.

그날 오후 연락이 왔다. 놀랍게도 물류 회사 플렉스포트 Flexport는 이미 방역 최전선 지원 펀드Frontline Responders Fund라는 모금 운동을 통해 문제를 해결하려는 누군가와 협력하고 있었다. 플렉스포트 대표들은 그 기금에 돈을 냈지만, 중국발 수백만 장의 마스크와 다른 개인보호장비를 기다리는 중이니 내가 동참해주면 더할 나위 없이 좋겠다고 했다. 관건은 우리가 몇백만 장을 살 것인가였다.

처음 든 생각은 이랬다. 대통령은 물론 주지사, 상원의원들까지 모두 이 사실을 어떻게 모를 수 있지? 최소한 문제 해결을 위해 노력하는 척이라도 해야 하는 거 아닌가? 그러나 곧 마음을 가라앉혔다. 불평할 때가 아니었다. 정부의 무능에 대한 좌절감이 해법 모색에 방해가 되어선 안 되니까.

다음으로 떠오른 것은 이 사람들에게 얼마나 빨리 100만 달러를 보낼 수 있을까였다. 또 내가 연락한 지역 병원들에 마스크를 얼마나 신속히 전달할 수 있을까? 플렉스포트는 물품이 3일 내 미국에 도착하면 개인보호장비 상자를 병원에 배분할 수 있다고 했다. 즉시 사무실로 전화를 걸어 당일 최전선 펀드에 100만 달러를 송금하라고 지시했다. 그렇게 해서 그 주말, 각각 수십만 개의 마스크가 든 상자들이 병원으로 전달될 준비를 끝마쳤다.

기어를 바꾸고 긍정적인 부분을 찾아라

비교적 최근에서야 사회과학자들은 인간이 긍정보다 부정에 더 강하게 반응하는 이유를 명확히 밝혀냈다. 우리는 긍정적인 것보다 부정적인 이미지와 뉴스 기사를 더 자주 클릭한다. 긍정적 결과를 바라는 것보다 부정적 결과를 우려하는 데 더 많은 에너지를 쏟는다. 심지어 긍정 감정보다 부정 감정을 표현하는 말이 훨씬 더 많다. 이런 현상을 '부정성 편향'negativity bias이라고 하는데, 과학자들은 이것이 우리의 생존 메커니즘일 수 있다고 말한다. 자신을 다치게 하거나 죽음에 이르게 할 수 있는 것들에 주의를 기울이지 않고 즐거운 경험에만 집중했다면 조상들은 살아남기 어려웠을 것이다. 그래서 600만 년 동안 우리는 긍정적인 영향보다 부정적인 영향에 더 민감하게 반응하도록 진화했다. 그러나 오늘날 더는 예전처럼 유용하지 않은 편향이 많은데 이 부정성 편향도 그중 하나다.

곰곰이 생각해보면 부정성 편향의 존재 이유가 이해는 간다. 하지만 솔직히 내 삶에는 아무 쓸모가 없다. 부정적인 면에 초점을 맞추는 건 그야말로 시간 낭비일 뿐이다. 나는 단순히 살아남고 싶은 게 아니라 성공하고 번영하길 원하기 때문이다. 당신도 그러길 바란다. 성공하려면 어떤 상황이든 수용하고 시각을 전환해 긍정적인 부분을 찾으려 애써야 한다.

물론 그게 어려운 이들도 있다. 다행히 나는 아주 어릴 때부터 그렇게 사는 게 어렵지 않았다. 친구들은 무슨 일을 하든 나는 늘 즐거움을 찾아내는 것이 가장 큰 특징이었다. 긍정적 태도 덕에 내 인생이 더 좋아졌다. 분명 당신의 삶도 더 좋아질 것이다. 긍정적인 자세는 심지어 목숨을 구할 수도 있다. 종양 전문의들은 긍정적인 암 환자일수록 예후도 좋다는 사실을 확인해준다. 동화 같은 얘기처럼 들리겠지만 그들은 잘 알고 있다. 우리가 상황을 절대 바꿀 수 없다고 무기력한 태도를 취하면 정말 그렇게 된다. 반대로 상황을 극복할 수 있다고, 역경을 이겨내는 데 그치지 않고 오히려 그 덕에 번영할 수 있다고 생각하면 실제로도 그렇게 된다.

만약 내가 긍정적이지 않았다면, 오스트리아에서 보낸 힘들었던 어린 시절에 내가 다르게 반응했다면, 지금의 내 삶이 얼마나 달라졌을지 종종 생각한다. 어릴 때 집에 따뜻한 물도 나오지 않았고 10대에 육군에 입대하고 나서야 고기를 실컷 먹을 수 있었다. 어린 날의 아침은 물 길어오기와 장작 패기로 시작됐다. 특히 겨울엔 더더욱 고달팠지만 아버지는 내 고충을 전혀 알아주지 않았다. 아버지의 어린 시절은 나와는 비교도 안 될 만큼 더 가혹했으니까. 구스타프 슈워제네거의 집에는 공짜가 없었다. 식사조차 공짜로 주어지지 않았다. 나는 아침을 '벌기' 위해 매일 아침 무릎 굽혀 펴기 200개를 해야 했다. 빈속에 제

자리 뛰기를 쉴 새 없이 하니 얼마나 입맛이 돌았겠는가.

　이런 불편하기 짝이 없는 생활과 고된 노동으로 어린 내 영혼이 무너질 수도 있었다. 잡지와 뉴스 영화에서 본 미국은 내가 결코 닿을 수 없는 아득한 나라처럼 여겨질 수도 있었을 테다. 지평선 너머를 상상조차 못 할 수도 있었다. 어릴 적 오스트리아 남동부 시골 마을을 벗어난 인생을 꿈꾸는 게 가능하다고 어떤 격려도 받지 못한 건 사실이다. 제대 후엔 경찰이라는 제법 괜찮은 직업이 기다리고 있었다. 아버지는 우리와 다른 삶을 사는 이들은 그저 운이 좋아서라고 여겼을 것이다. 아버지는 보디빌딩에 대한 내 관심을 이해하지도, 인정하지도 않았다. 그저 자기중심적이고 이기적이라고 생각했다. "장작이나 패라. 이것만 해도 크고 강해질 수 있다. 장작 패는 건 가족들에게 도움되기라도 하지"라고 말했다. 그리고 술에 취해 들어오는 날이면 우리를 때렸다. 그런 날은 정말이지 더더욱 힘들었다.

　어린 시절의 역경에 굴복하고 무너질 수도 있었지만 나는 긍정적으로 생각하기로 했다. 내 선택은 늘 그랬다. 아버지가 좋으신 분일 때도 많고 어머니는 최고라고 받아들였다. 요즘 기준으로 보면 결코 들뜨거나 편안한 삶은 아니었지만 그래도 그런대로 괜찮은 삶이었다. 많은 것을 배웠고 열정과 목표, 첫 멘토들을 만났으니까.

　내 어린 시절에 안 좋은 일이 많았다는 건 부인할 수 없다. 하지만 나는 그 시간 덕분에 현실을 뛰어넘어 더 큰 것을 성취하고 지금에 이를 수 있었다. 만약 내 어린 시절이 좀 더 안락했다면 당신이 이 책을 읽는 일도 없었을 것이다. 반대로 그 시절이 좀 더 혹독했어도 이 책은 세상에 나오지 못했으리라. 어쩌면 형처럼 알코올 중독에 빠져 헤어 나오지 못했을지도 모른다. 결국 형은 1971년 술에 취해 운전하다 사고로 세상을 떠났다.

나는 어릴 적 많은 빚을 졌다. 지금의 내가 된 건 그 시간 덕분이고, 그 시간에 의해 나라는 인생이 만들어졌다. 그 시간이 있었기에 지금의 내가 있다. 스토아 철학에는 이에 꼭 들어맞는 아모르 파티amor fati라는 말이 있다. 운명에 대한 사랑이라는 뜻이다. 노예 출신의 위대한 스토아 철학자 에픽테토스는 이렇게 말했다. "세상에서 벌어지는 일들이 네가 바라는 대로 일어나길 요구하지 말고 실제로 일어나는 그대로 일어나기를 바라라. 그러면 행복해질 수 있을 것이다."

니체 또한 같은 주제를 다뤘다. "인간의 위대함을 향한 나의 공식은 아모르 파티다. 그가 다른 것이 되길 원하지 않는 것, 앞으로도, 뒤로도, 영원히. 필연적인 것을 그저 견디는 게 아니라 사랑하는 것이다."

이 경지에 이르려면 노력이 필요하다. 눈앞의 역경이나 불쾌함을 마주하면서도 "그래, 이건 내게 꼭 필요했어. 내가 원했던 거야. 정말 좋아"라고 생각할 사람이 몇이나 되겠는가. 역설적으로 인간의 자연스러운 부정성 편향은 세상의 모든 나쁜 일을 끌어당길 뿐 아니라, 나쁜 일이 닥쳤을 때 도망치고 부정하고 외면하고 싶어 한다. 그 방법이 통하지 않으면 앉아서 불평할 뿐이다. 대부분이 그렇다. 큰 시련은 물론 일상의 사소한 악재에도 그런 식으로 반응한다.

나쁜 상황에 처해 불평하고 한탄하고 싶은 충동이 일면 나는 잠시 멈추고 숨을 고르며 스스로에게 말한다. 기어를 바꿀 때라고. 실제로 소리 내어 말한다. 이 상황에서 긍정적인 면을 봐야 한다고 말이다.

2018년 3월, 나는 엄청나게 끔찍한 상황을 맞았다. 최소 침습 수술(절개부위를 줄여 인체에 상처를 최소한으로 남기는 수술 방법—편집주)인 대동맥 판막 교체라는 간단한 수술을 받던 중 갑자기 심장절개수술로 바뀌어 중환자실 신세가 되었다. 외과의가 기존 삽입술로 판막을 교체하다 실수로 심장벽을 뚫어 재빨리 가슴을 열고 문제를 바로잡아야 했던 것이다.

일이 계획대로 됐더라면 2~3일 만에 퇴원해 아무 일 없었던 듯 돌아다닐 수 있었을 것이다. 애초에 그 수술법을 택한 이유이기도 했다. 몇 주 전 똑같은 수술을 받은 지 며칠 안 된 90세 노인을 만났는데 온천에라도 다녀온 듯 멀쩡해 보였다. 타이밍도 완벽했다. 마침 나도 대동맥 판막 교체술을 받을 때가 됐다. 인공 판막의 수명은 10~12년이었다. 1997년 이엽성 대동맥 판막(심장에 있는 대동맥 판막의 선천적 이상 증세—편집주) 질환으로 처음 심장 수술을 받으며 인공 판막을 삽입했다. 이 심장병은 평생 무증상일 수도 있지만, 갑자기 목숨을 위협할 수도 있다. 우리 어머니도 바로 그다음 해 이 병으로 세상을 떠났다.

그동안 바쁘다는 핑계로 교체 수술을 미뤄왔다. 심장 수술이 얼마나 힘들고 골치 아픈지 경험으로 잘 알고 있기도 했다. 그런데 교체 수술이 관절경 수술(절개하지 않고 1센티미터 미만의 작은 구멍을 통해 기구[관절경]를 넣어 관절 속의 손상된 부위를 모니터를 통해 보면서 진단과 치료를 동시에 시행하는 수술법—편집주)과 비슷하다는 말에 혹하지 않을 수 없었다. 몇 달 뒤 부다페스트에서 《터미네이터: 다크 페이트》를 촬영하기로 돼 있었다. 교체 수술을 빨리 끝내고 일주일간 휴식을 취한 뒤 체육관으로 돌아가 촬영 준비를 할 생각이었다.

그런데 눈을 떠 보니 의사가 옆에 서 있고 내 목에 호흡 보조용 튜브가 꽂혀 있지 뭔가. "미안해요, 아놀드. 합병증 때문에 개심술을 할 수밖에 없었어요." 의사가 말했다.

의사의 설명을 듣는데 머릿속에 오만가지 생각이 들고 별별 감정이 왔다 갔다 했다. 죽을 뻔했다는 사실에 오싹했고, 촬영에 막대한 차질이 생긴 데 분노가 치밀었다. 첫 개심술 때 컨디션이 완전히 회복되기까지 얼마나 고생했는지 떠올리니 좌절감도 몰려왔다. 그리고 그때는 21년이나 젊었다. 최소 일주일은 입원해야 하고 퇴원 후에도 한 달간은 웨이트 트레이닝을 하면 안 된다는 의사의 말에 더 우울해졌다. 폐에 무리 가지 않게 숨 쉬고, 혼자 걷고, 도움 없이 화장실을 드나들며 대변—나는 '승리 선언'이라고 불렀다—을 볼 수 있기 전까지는 퇴원할 수 없다고 했다.

속으로 이런 감정들을 다 느꼈지만, 의사가 병실을 나간 뒤 곧바로 생각을 바꿨다. "아놀드, 이상적인 상황은 아니지만 어쨌든 살아 있잖아. 이제 마음가짐을 바꿔보자. 목표는 병원에서 나가는 거야. 퇴원 목표 달성을 위해 필요한 걸 모두 실행해야 해. 이제 움직일 때다."

침대 곁 호출 버튼을 눌러 간호사를 불렀다. 맞은편 벽의 화이트보드 맨 위를 지우고 '호흡하기'와 '걷기'를 적은 뒤 밑줄을 그어달라고 부탁했다. 호흡 운동을 마칠 때마다, 목적지—복도 끝, 간호사 스테이션, 엘리베이터—까지 걷는 데 성공할 때마다, 간호사가 화이트보드에 막대기를 하나씩 그었다. 오스트리아에서 근육을 키울 때나 영화나 연설을 준비할 때와 똑같은 방식을 활용했다. 효과가 증명된 방법이니까. 내가 잘 아는 방법이니까.

진척 상황을 직접 눈으로 확인할 수 있어 자신감이 생기고 속도가 붙었다. 이 방법만 따르면 다른 건 신경 쓸 필요가 없으니, 실험 비커와 고양이 장난감을 합친 듯한 호흡 기구로 숨을 들이쉬고 내쉴 때 폐가 타는 듯한 느낌을 무시하는 데만 온 정신을 집중할 수 있었다. 막연히 진전 상황을 짐작하지 않아도 되니 병원 복도를 걸을 때 다리와 팔, 등 근육에 힘주는 것에만 집중할 수 있었다. 맨 처음엔 보행기를 끌고, 그다음엔 지팡이를 짚고 걸었고, 결국 가슴에서 튀어나온 배액관에 달린 주머니가 걸린 폴대만 끌고 걸을 수 있게 됐다.

예상보다 하루 일찍 '승리 선언'을 했고, 중환자실에서 벗어나 6일 만에 집으로 돌아왔다. 수술 한 달 뒤—정확히는 하루 이틀 더 일찍— 집 체육관에서 웨이트 없이 랫 풀다운 기구로 몇 세트를 하며 근육을 깨웠다. 폴대가 옆에 놓여 있고 가슴의 배액관이 운동 장비에 걸쳐 있었다. 한 달 후부턴 웨이트를 점차 늘렸다. 20파운드(약 9킬로그램), 40파운드(약 18킬로그램), 60파운드(약 23킬로그램) 등. 한 달 뒤, 촬영 시작을 위해 부다페스트행 비행기에 올랐다.

이 얘기를 자주 하진 않지만, 들은 이들은 꼭 묻는다. 수술대에서 날 죽일 뻔한 의료진을 고소했느냐고. 사실 그런 말을 들을 때마다 놀랍다. 한 번도 떠올려보지 못한 생각이기 때문이다. 사람은 실수한다. 판막 교체 수술 중 실수가 일어날 수 있음을 알고 있었다. 배우 빌 팩스턴이 전해에 같은 병원에서 비슷한 판막 교체 수술 도중 합병증으로 사망했다. 내가 개심 수술팀이 대기하지 않으면 그 수술을 받지 않겠다고 고집한 이유도 그것이었다. 이렇게 미리 대비했는데도 의사들 역시 인간이라 실수한 것이다. 하지만 그들은 최선을 다했다. 그들이 내 목숨을 구했다는 건 변함없는 사실이다! 그들을 고소한다고 무슨 소용이 있을까? 어차피 아무것도 달라지지 않는다. 변호사들 주머니만 불릴 뿐이다. 만약 이 일로 소송을 제기했다면 과연 그 경험에서 긍정적인 면을 찾을 수 있었을까?

오스트리아 출신의 저명한 심리학자이자 홀로코스트 생존자인 빅터 프랭클은 말했다. "우리는 자신에게 일어나는 일은 통제할 수 없지만, 일어난 일에 어떻게 느끼고 반응할지는 통제할 수 있다." 한번 생각해보자. 자신이 좌우할 수 없는 일에 대해 불평하며 낭비하는 시간이 일주일에 얼마나 되는가? 예측하거나 막을 수 없는 일이 생길까 봐 걱정하며 보내는 시간은 또 얼마인가? 자신과 무관하고 짜증만 유발하는 기사나 소셜 미디어 게시물을 읽는 데 쓰는 시간은? 꽉 막힌 도로에서 치민 분노를 사무실이나 교실, 집까지 가져간 적이 몇 번이나 되는가? 앞서 말했듯 빽빽한 하루를 보내고 남은 귀한 시간을 아껴 자신의 비전 실현에 써야 한다. 그런데 부정적인 것들에 굴복하는 순간, 그것은 당신과 당신의 꿈, 가족, 학교 운동부, 직장 프로젝트팀, 부서 등 당신이 이끌어야 할 사람들에게서 목표 달성에 사용할 수 있는 소중한 시간을 빼앗아간다.

그 시간을 되찾을 수 있다! 용도를 바꿀 수 있다. 생산적으로 활용할 수 있다. 부정적 상황을 긍정적 경험으로 전환할 수 있다. 불평이 고개를 들 때마다, 기어를 바꾸고 긍정적인 점을 찾아야 한다는 사실을 잊지 마라. 질투 대신 기쁨을, 증오 대신 행복을, 앙심 대신 사랑을, 부정 대신 긍정을 택할 수 있다면 그 어떤 상황에서도 최선을 다하게 해주는 강력한 도구를 손에 넣게 되는 셈이다. 실패로 느껴지는 상황에서도 말이다.

실패를 재구성하라

어딜 가든 이렇게 말하는 사람들이 있다. "아놀드, 스스로 정한 목표를 달성하지 못했는데 어떻게 해야 하나요?" "좋아하는 사람에게 고백했다가 거절당했어요." "이번 주에 승진에서 미끄러졌어요. 이제 어떡하죠?"

그때마다 내 대답은 단순하다. 실수에서 배우고 다시 돌아가라는 것"I'll be back.".

대부분에겐 그 조언으로 충분하다. 다소 겁이 나거나 막막해 보여도 약간의 격려만으로도 도전의 길로 돌아갈 수 있다. 하지만 뜻대로 되지 않을 때 삶이 불공평하다고 불평하는 이들도 있다. 자신의 부족한 노력 탓에 원하는 결과를 얻지 못했다는 사실을 차마 직시할 용기가 없어서다.

그냥 추측으로 하는 말이 아니라 나도 겪어봤다. 1968년 프랭크 제인에게 졌을 때 나는 크게 절망하고 깊은 슬픔에 잠겼다. 그날 밤 호텔 방에서 눈물을 쏟아냈다. 세상이 무너지는 듯했다. 미국까지 와서 뭘 하는 건지 회의감마저 들었다. 가족과 친구들과 멀리 떨어져 언어도 통하지 않는 낯선 땅에서 말이다. 마이애미에서는 아는 이도 한 명 없이 완전히 혼자였다. '도대체 무엇 때문에 여기까지 온 거지? 나보다 근육량도 적은 선수에게 밀려 2등이나 할 거라면.'

나는 우승하지 못한 이유를 남 탓으로 돌리기 바빴다. '심사위원들이 불공정했어, 미국인인 프랭크에게 유리하게 편파 판정을 내렸어, 며칠 전 미국행 도중 런던 공항에서 먹은 불량식품이 몸과 훈련에 나쁜 영향을 끼친 거야…' 패배의 충격이 너무 커서 거울을 보는 것조차 고통스러웠다. 내가 부족해서 우승 못 한 거라는 생각에 자책감이 들었다.

이튿날 아침 식사 때 조 웨이더가 나를 LA로 초대했다. 그 후 몇 주간 골드 짐에서 다른 보디빌더들과 함께 운동하면서 비로소 프랭크와 나의 차이를 알게 되었고, 그의 승리가 공정했음을 인정하게 되었다.

한마디로 내 근육의 윤곽이 뚜렷하지 않았다. 프랭크뿐 아니라 함께 운동한 모든 미국인 보디빌더에 비해 그랬다. 내 근육이 그들보다 크고 대칭적이긴 했지만, 그들은 내가 하지 않는 무언가로 근육 선명도를 높이고 있었다. 최고가 되려면 그 비결이 뭔지 밝혀내 나도 시작해야만 했다. 그래서 샌타모니카로 이사한 뒤 프랭크를 초대해 함께 생활하며 훈련하자고 했다. 그에게 배우고 싶었다. 고맙게도 그는 초대에 응했고 한 달간 집에 머물렀다. 우리는 하루도 빠짐없이 골드 짐에서 운동했다. 그가 근육 윤곽을 살리는 운동법을 가르쳐주었다. 그 뒤로 프랭크는 두 번 다시 나를 이기지 못했다.

분명히 일러둘 게 있다. 실패를 겪어본 이들, 한마디로 세상 모든 이에게 하는 말이다. 실패는 치명적이지 않다. 너무 흔한 말인 건 안다. 하지만 실패에 관한 긍정적 이야기는 진부하게 들릴 수밖에 없다. 절대적 진리이기 때문이다. 자랑스러워할 만한 일을 해내고 사회적으로 존경받는 사람들은 모두 성공보다 실패에서 더 많이 배웠다고 말할 것이다. 실패가 끝이 아니라고 역설할 것이다. 정말 맞는 말이다.

올바른 시각에서 바라보면 실패야말로 가능할 수 있는 성공의 출발점임을 깨닫게 된다. 실패는 오직 어렵고 가치 있는 일에 도전할 때만 가능하기 때문이다. 노력하지 않으면 실패할 수 없다. 그런 의미에서 실패는 목적으로 나아가는 과정에서 작성해야 하는 일종의 진행 보고서 같은 것이다. 얼마나 멀리 왔는지, 아직 갈 길이 얼마나 남았는지, 목적지에 도달하려면 무엇을 해야 하는지 일러준다. 실패는 실수에서 교훈을 얻고 접근법을 다듬어 발전시켜 훨씬 나은 상태로 재도전할 수 있게 해주는 소중한 기회다.

나는 다른 많은 교훈과 마찬가지로 어릴 때 역도 대회 출전을 위해 체육관에서 훈련하면서 이 사실을 깨달았다. 역도의 묘미는 실패가 훈련의 기본이자 핵심 요소라는 점에 있다. 사람들이 자주 잊곤 하지만, 역도의 목표 자체가 실패할 때까지 근육을 단련하는 것이다. 마지막 횟수를 채우려 남은 힘을 쥐어짜도 안될 때, 중량을 들어 올렸지만 팔꿈치를 완전히 펴기도 전에 힘이 빠질 때, 좌절하기 쉽다. 하지만 이걸 실패라고 생각하면 안된다. 오히려 근육이 더는 들 수 없을 때까지 운동을 제대로 잘해냈다는 뜻이다. 이런 게 성공이라고 할 수 있다.

체육관에서 실패는 패배가 아니라 성공과 동일하다. 그래서 나는 늘 마음 편하게 한계에 도전한다. 무언가를 이루려 애쓰는 과정에서 실패가 이처럼 긍정적 의미를 지닌다면 우리는 두려움 없이 능력의 한계를 시험해보려고 할 것이다. 영어를 배울 때도, 대작 영화에 출연할 때도, 중대한 사회 정책을 다룰 때도 말이다. 결국 한계에 다다랐음을 인지한 순간, 이제는 그 한계를 뛰어넘어 성장하면 된다. 그러려면 실패의 위험을 끊임없이 감수하며 자신을 시험해야 한다.

역도 대회는 이런 방식으로 설계되었다. 전통적인 역도 대회에선 세 번의 기회가 주어진다. 1차 시기는 이미 성공해본 경험이 있고 편하게 들 수 있는 확실한 무게를 든다. 안정적으로 감을 잡고 긴장을 풀기 위해서다. 2차 시기는 평소 수준을 살짝 넘어서는 도전이다. 경쟁자들을 압박하기 위해 자신의 신기록이나 그에 근접한 무게를 든다. 우승하지 못해도 지금까지의 최고기록을 경신했다는 데 의의를 둘 수 있다. 3차 시기엔 한 번도 들어본 적 없는 무게를 든다. 개인 신기록은 물론 역도 스포츠 자체의 신기록에 도전하는 것이다. 마지막 시기에서 기록이 갱신되고 승자가 가려지는 경우가 많다. 실패도 자주 일어나는 시기다. 나는 3차 시기에서 벤치프레스로 500파운드(약 227킬로그램)를 들어 올리는 데 10번이나 실패했다. 당시 500파운드는 거의 들어본 적 없는 도전이었다. 마침내 500파운드를 성공하자 점점 쉬워졌고 결국 525파운드(약 238킬로그램)까지 들 수 있게 되었다.

역도 3차 시기는 현실에서 꿈을 좇는 과정의 축소판과도 같다. 힘들고 낯설다. 사람들이 지켜보고 평가하는 중이니 실패 가능성도 크다. 사실 여러모로 실패는 불가피하다. 하지만 비전 달성에 있어 우리가 경계해야 할 것은 실패가 아니라 포기다. 실패는 꿈을 죽이지 않지만, 포기하는 순간 그 어떤 꿈이든 죽는다. 세계 신기록을 세우거나 기업을 성공시키거나 비디오 게임에서 고득점을 올리거나, 그 무엇이든 매우 어렵지만 의미 있는 일을 해낸 이들은 포기하지 않은 사람들이다. 그들은 수없이 실패를 겪으며 지금의 자리에 올라섰다. 실패를 견디고 실패가 주는 교훈에 귀 기울인 덕분에 업계 최고가 되고 세상을 바꾼 제품을 발명하고 남들이 모두 불가능하다 말렸던 획기적인 비전을 실현했다.

금속 세척제 WD-40을 발명한 화학자를 예로 들어보자. WD-40은 '수분 제거 40번째 공식'Water Displacement, 40th formula의 약어다. 그는 39번째 공식이 실패했기 때문에 연구 일지에 그다음 도전을 WD-40이라고 불렀다. 매번 실패로부터 배운 교훈으로 40번째 도전에서는 결국 성공을 거뒀다.

토머스 에디슨은 실패에서 교훈을 얻은 것으로는 가히 전설적인 인물이다. 그는 실패를 실패라 부르는 것조차 거부했다. 1890년대 에디슨과 그의 팀은 니켈-철 전지 발명에 매진했다. 약 6개월 동안 9,000개가 넘는 시제품을 만들었지만 모두 실패로 돌아갔다. 조수가 성과가 전혀 없어 유감이라 말하자 에디슨이 대답했다. "유감이라니, 성과가 이렇게 많은데! 효과 없는 방법을 수천 가지나 찾아냈잖아." 이것이 과학자로서, 발명가이자 사업가로서 에디슨이 세상을 바라보는 방식이었다. 에디슨이 그로부터 약 10년 전 전구를 발명할 수 있었던 것도, 생을 마칠 때까지 1,000건이 넘는 특허를 받을 수 있었던 것도 모두 이러한 긍정적 사고방식, 실패의 훌륭한 재구성 덕분이었다.

이루고 싶은 목표나 세상에 남기고픈 발자취를 떠올릴 때 이 사실을 명심하라. 실패를 피해서도, 그렇다고 적극 추구해서도 안 된다. 당신이 할 일은 오직 자신의 비전을 위해 엉덩이에 불이 나도록 노력하고, 그 과정에서 필연적으로 맞닥뜨릴 실패를 받아들이는 것이다. 체육관에서 몸을 단련할 때 고통스러운 마지막 반복이 목표에 한 걸음 더 다가섰음을 알려주듯, 실패는 다음 단계로 나아갈 방향을 제시하는 신호다. 에디슨의 말처럼 어느 방향으로 가선 안 되는지 일러준다. 효과 없는 방법을 알려주고 효과적인 방향을 가리키므로 실패는 충분히 감수할 만한 위험이다. 반드시 실패를 받아들여야 한다.

내가 재선을 포함해 주지사로 거둔 성공도 그 덕분이었다. 2005년 주 광역 특별선거의 실패로부터 교훈을 얻고 그 교훈이 이끄는 방향으로 나아갔다. 그 선거 결과는 내가 주의회와의 의견 차이를 투표에 부쳐 유권자들에게 맡긴 것이 엄청난 실수였음을 알려주었다. 보통 사람이자 유권자가 선출한 정치인답지 않게, 전문 기술자나 지나치게 꼼꼼한 정책입안자처럼 말하는 게 효과적이지 않다는 점도 일깨워주었다. 요컨대 캘리포니아 주민들은 내가 무언가 해내고 싶다면 절대 그런 식으로 접근하면 안 된다고 이야기하고 있었다. 투표 결과로 그들은 쉬운 말로 설명해달라 부탁하며, 해법은 정적들과 함께 찾아야 한다고 조언했다.

그래서 나는 유권자들의 목소리에 귀를 기울였다. 2005년 특별선거가 끝난 뒤 여야 지도부, 즉 주의회 상하원 의원들을 전

세기에 태우고 워싱턴 DC로 갔다. 캘리포니아주 의회 대표단 전체와 만나 주민들을 위하는 방안을 모색하기 위해서였다. 왕복 10시간 동안 우리는 4만 피트 상공에서 가까이 앉아, 정적이 아닌 캘리포니아 주민들이 더 행복하고 더 풍요롭고 더 건강한 삶을 살 수 있도록 도와야 한다는 공통의 목표를 품은 공직자로서 대화를 나누었다. 며칠 뒤 집에 돌아갈 무렵에는 다수의 초당적 정책 계획이 대략적으로 그려져 있었다.

만약 내가 2005년 특별선거 결과가 준 교훈을 무시하고 그 결과를 불평하기만 했다면, 정치적 관행에 맞서 정책 실패의 책임을 지는 대신 정적들을 탓하기로 했다면, 초당적 화합은 불가능했을 것이고 1년 뒤 재선에도 성공하지 못했을 것이다. 이 성공들이 실패에서 얻은 교훈의 직접적인 결실이라 해도 결코 과언이 아니다.

규칙을 어겨라

1972년, 코미디언 조지 칼린은 《클래스 클라운》Class Clown이라는 코미디 앨범을 발표했다. 그 앨범엔 후에 크게 유명해진 "방송에서 말할 수 없는 7가지 단어"라는 주제의 유머가 담겼다. 미국에서 방송 불가 판정을 받은 7가지 비속어에 관한 긴 코미디였다.

어릴 적 우리 집에도 이 7가지 비속어처럼 나를 가로막는 말이 있었다. "원래 그런 거야. 토 달지 마"였다. 나는 이 말을 들을 때마다 화가 치밀었다. 사람들이 이해할 수 없다는 이유로 새로운 것을 거부하며 이렇게 말할 때면 언짢았다. 하지만 정말 나를 분노케 한 건 새로운 시도를 하는 이들이 반대에 부딪혀 현실을 받아들이고 포기해버리는 모습이었다. 그런 광경을 보면 "존 매트릭스의 창고 장면"(1985년에 저자가 출연한 영화《코만도》에서 주인공 존 매트릭스가 악당들의 근거지인 창고에 잠입해 홀로 수십 명의 적을 상대로 총격전을 벌이는 장면으로 영화의 클라이맥스로 꼽힌다—편집주)을 재연하고 싶어졌다.

거대한 비전을 추구할 때는 반발과 저항에 맞닥뜨릴 수밖에 없음을 깨달아야 한다. 비전 없는 사람은 비전 있는 사람에게 위협을 느낀다. 그들은 본능적으로 두 손을 들고 "안 돼! 잠깐, 서두르지 마"라고 외치고 싶어 한다. 전형적인 회의론자들이 으레 그러듯 그들은 도전 자체를 말려야 한다고 생각한다. 그들은 새로운 발상을 두려워하고, 거대한 프로젝트에 현기증을 느끼며, 기존의 틀을 깨고 새 물결을 일으키려는 이들을 불편해한다. 이유가 뭐든 토 다는 걸 자제하고 기존 방식을 그대로 받아들이는 사람들을 선호한다.

나는 그런 부류가 아니다. 아마 당신도 마찬가지일 것이다.

내 인생은 늘 남다른 새로운 도전의 연속이었다. 보디빌더 시절엔 다른 선수들처럼 하루에 한 번이 아닌 두 번 운동했고, 배우가 되어서는 TV 드라마나 영화 단역부터 시작하라는 PD들의 조언을 따르지 않고 오직 주연만 노렸다. 정치인으로선 시의원, 시장, 주 상원 출마를 순서대로 해보라는 당 대표나 정계 실력자들의 말을 건너뛰고 바로 주지사에 도전했다.

내 비전은 처음엔 최고의 보디빌더가 되는 것이었고, 다음엔 최고의 영화배우였으며, 그다음엔 최대한 많은 이를 돕는 것이었다. 그것도 '언젠가 기회가 오면'이 아니라 '가능한 한 빨리' 말이다. 보이지 않는 사다리를 타고 맨 아래서부터 천천히 올라가거나, 큰 목표에 도전해도 된다는 허락을 받기까지 기다리는 건 내 계획에 없었다.

당연히 기득권층이나 현상 유지를 바라는 이들은 그런 나를 탐탁지 않게 여겼다. 인생의 모든 단계에서 나는 그들과 맞서 싸워야 했다. 새 물결을 일으키려는 내 의지보다 그들에게 더 눈엣가시가 된 것은 남이 나를 시기하든 말든 불평 따위는 전혀 신경 쓰지 않는 나의 태도였다.

주지사로 일할 때 특히 심했다. 새크라멘토에서 나는 많은 규칙을 깼는데, 그런 내게 가장 불쾌감을 드러낸 것은 오히려 같은 당 사람들이었다. 내가 민주당 소속 수장 케네디를 비서실장으로 고용하자 그들은 마치 내가 여우를 닭장에 들이기라도 한

듯 반응했다. 한 공화당 의원은 근심이 가득한 얼굴로 사무실을 찾아와 내 의자 옆 소파에 앉더니, 음모를 꾸미는 만화 속 악당마냥 주위를 두리번거리며 속삭였다. 아무래도 내가 모르는 것 같은데 수잔이 레즈비언이라고… 마치 경고라도 하듯이 말이다. 물론, 이미 알고 있던 사실이었지만, 그게 대체 무슨 상관이란 말인가?

"그 여자가 브래지어를 태웠다는 것도 알아요?" 의원은 필사적으로 나를 설득하려고 애썼다.

"그게 왜요? 내 것도 아닌데." 내가 대꾸했다.

하지만 이건 내가 주정부 사법부의 절반 이상을 민주당 인사로 임명했을 때 공화당이 보인 반응에 비하면 아무것도 아니었다. 누가 보면 내가 로널드 레이건의 이름을 모독하며 에이브러햄 링컨의 묘를 파헤치기라도 한 줄 알았을 것이다. 정치권에선 주지사든 대통령이든 판사를 임명할 땐 자기 정당에서 고르는 게 당연한 관례였다. 예외가 없다고 봐도 무방하다. 그러나 나는 그렇게 하지 않겠다고 선언했다. 가장 유능한 후보자 명단을 올리되 브리핑 자료에 정당은 기재하지 말라고 지시했다.

왜냐고? 유권자들에게 기존과는 다른 정치인이 되리라 약속했으니까. 그러니 가장 능력 있는 인재를 뽑는 게 마땅했다. 결과적으로 사법부 절반은 민주당, 절반은 공화당 출신으로 임명됐다. 내 눈엔 대표성을 살린 매우 공정한 결과로 비쳤다.

2012년 USC 슈워제네거 연구소USC Schwarzenegger Institute 개소식 연설에서 이 일화를 소개했다. 이 연구소는 정치보다 국민을 우선하는 초당적 협력에 매진하는 싱크탱크로, 쉽게 말해 안주하지 않고 규칙을 깨는 걸 목표로 한다. 나는 청중들에게 의원들이 내 생각을 이해하지 못했고, 내가 그들의 불만을 무시한다는 사실에 약이 오른 모습을 설명했다. 선거운동과 주 정부 운영에서 내가 배운 것이 하나 있다면 기존의 방식이 통하지 않는다는 것이라는 말도 했다. 과거엔 효과가 있었을지 모르나 이제는 아니었다. 지금의 방식은 국민에게 이롭지 않았다. (애초에 주민들이 나를 주지사로 택한 이유이기도 했다.) 모든 이에게 최선을 다하는 게 나의 소명이었기에, 나는 더 나은 캘리포니아를 향한 발전과 변화의 비전을 가로막는 규칙들을 깼다.

그 덕에 정치적으로는 더 힘들어졌지만, 특별선거 후 마음먹었다. 현재의 상황을 더 이상 걱정하지 않고, 기존의 방식만을 고집하는 이들은 무시하기로 했다. 대신 주의회와 워싱턴, 전 세계 사람들과 업무 관계를 구축하는 데 주력하겠다고. 그들 역시 나 못지않게 낡은 틀에 싫증 나 있었고 제대로 된 일 처리를 갈망했다. 나는 사람들에게 함께하든가, 방해하지 말고 비키든가 둘 중 하나를 고르라고 했다. 선택을 안 하면 돌아가든지 깔리든지 할 거라고.

이런 식으로 궁극의 비전을 이루려 하면 위험이 뒤따르지 않을까? 그럴지도 모른다. 하지만 그 누구도 아닌 당신의 삶이고 당신의 꿈이다. 내가 원하는 꿈을 이뤄내고 내가 바라는 인생을 살기 위해서는 기꺼이 감수할 만한 가치가 있는 위험이다.

위험을 내 편으로 인식하는 방법

위험 감수가 두렵다면 ―나 역시 깊이 공감한다― 실패와 마찬가지로 위험을 재구성해보면 도움이 될 것이다. 내가 보기엔 위험은 실체가 없다. 만질 수 있는 실물이 아니다. 사람마다 위험에 대한 인식이 다르다. 위험은 늘 변하는 과녁 같고, 만들어진 개념이다. 한마디로 인식의 산물이다.

위험이란 그저 우리 각자가 어떤 선택의 성공과 실패 가능성을 저울질한 뒤 내린 결론에 붙인 이름일 뿐이다. 성공 가능성이 매우 낮고 실패 결과가 매우 부정적이라면 우리는 그것이 위험한 선택이라 결론 내린다. 반면 성공 가능성이 높고 실패해도 치명적 대가가 따르지 않는다면 그리 위험해 보이지 않을 것이다. 하지만 이런 평가는 너무나 진부하다.

실패 위험뿐 아니라 성공의 긍정적 측면도 고려해야 한다. 이득이 별로 크지 않다면 위험이 아무리 작아도 감수할 가치가 없을 것이다. 그러나 꿈이 그러하듯, 이득이 크다면 아무리 큰 위험도 무릅쓸 만하다. 현실적으로 사람은 간절히 원하고 자신에게 너무나 중요한 일이라면 위험이 크든 말든 개의치 않고 성공을 향해 돌진하게 마련이다. 진부하게 들릴지 모르나 삶의 진리다. 위험이 클수록 보상도 커진다.

암벽 등반가 알렉스 호놀드를 보라. 그는 2017년 최초로 요세미티 국립공원의 거대 수직 암벽 엘 캐피탄을 맨몸으로 오르는데 성공했다. 처음엔 사람들이 미친 짓이라 했다. 죽으려 작정했다고. 하지만 1년 뒤 그의 등반을 담은 다큐멘터리가 나오고 아카데미상까지 받자 입방아가 쏙 들어갔다. 그는 유명세를 얻었고 광고 제의도 쇄도했다. 유명해지고 돈을 벌기 전까진 정신 나간 미치광이라는 평이 지배적이었다. 그런데 이름을 알리고 재력을 쌓자 갑자기 사려 깊고 노련한 등반가로 칭송받기 시작했다. 세계를 유랑하며 자연도 즐기고 돈도 버는 성실한 전문가가 된 것이다. 세상에 해로운 인물이 아니라 희망을 전하는 인물이 된 것이다.

물론 세간의 평가일 뿐 애초부터 호놀드 자신의 생각은 아니었다. 다큐멘터리와 인터뷰를 접한 뒤 사람들의 인식이 송두리째 바뀐 것이다. 성공의 장점을 보고 실패(부상 또는 죽음) 결과에 대한 의식이 약해진 것이다. 하지만 사람들이 그의 이름조차 모를 때와 동일한 사람이었다. 달라진 건 대중이 그를 알게 되었다는 점뿐이다.

역설적이게도 그의 맨손 등반에 대한 대중의 의식은 약해졌지만, 정작 본인은 더 의식하게 되었다. 등반 성공 확률이 떨어져서가 아니라(오히려 경험이 쌓이며 더 높아졌다) 실패의 부정적 결과가 커졌기 때문이었다. 맨손 등반엔 늘 부상이나 죽음의 위험이 도사리지만, 이제 그에겐 사랑하는 아내와 딸이 있다. 그를 믿고 의지하는 이들이 있다. 잃을 것이 더 많아진 것이다.

내가 위험을 가늠할 때 던지는 질문도 그것이다. 내가 잃을 것은 무엇인가? 원래 위험에 대한 내성이 강하고 남들이 가망 없거나 불가능하다고 여기는 일들을 이토록 많이 해낼 수 있었던 이유도, 젊은 시절 나는 잃을 게 별로 없었기 때문이다. 나이가 들고 성공을 거듭하면서 새로운 도전을 할 때마다 실패의 폐해를 최소화하는 방법을 배워야 했다.

오스트리아에서 보낸 어린 시절이 어떠했는지 이야기했으니 한번 상상해보라. 그때 내가 그라츠 체육관에서 온종일 근육을 키우고, 그 후 뮌헨으로 가서 생판 낯선 체육관에서 일하다 마침내 미국행을 감행하기까지 그렇게 필사적으로 노력해서 잃을 게 뭐가 있었겠는가?

영화배우에 도전해 잃을 건 또 뭐가 있었을까? 설령 연기력이 처참해서 캐스팅 제의가 끊겨도 난 여전히 7회 미스터 올림피아 타이틀을 거머쥔 보디빌더로 역사에 남을 터였다. 게다가 내 편에는 조 웨이더가 있고 보디빌딩 서적도 팔 수 있고 마련

해둔 집도 있으니 근심이 없었다.

정치에 입문해서 잃을 건 또 무엇이었을까? 주지사 선거에 떨어지고, TV 토론회에서 망신을 당해도 여전히 스릴 넘치는 도전을 즐기는 인기 스타로 남아 있을 터였다. 떨어져도 부와 명성은 그대로이고 스페셜 올림픽이나 애프터스쿨 올스타즈 같은 의미 있는 활동에 영향력을 발휘할 수 있었을 것이다.

이런 도전이 실패로 돌아갔을 때 그간 쌓아온 명성이 추락했을지도 모른다고? 내가 이루려는 목표에 대한 타인의 눈초리를 신경 썼다면 그랬을 것이다. 타인의 인정을 받으려고 꿈을 좇았다면 그랬겠지. 하지만 내게 중요한 건 오직 보디빌딩 대회 심사위원들, 영화 관객들, 투표하는 유권자들을 만족시키는 것뿐이었다. 혹시나 그들에게 인정받지 못하거나 실패하고 패배해도 나는 불평하지 않았다. 실패에서 교훈을 얻었다. 보디빌딩이든 연기든 정치든, 매번 실패할 때마다 원점으로 돌아가 발전하고 성장하기 위해 매진했고, 기어이 더 강해져서 돌아왔다.

이걸 과연 위험 감수라고 할 수 있을까? 우리가 포기하지 않고 역경을 뚫고 나아가려 할 때 직면할 수 있는 최악의 시나리오는, 또 실패해서 효과 없는 방법을 하나 더 알게 된다는 것뿐이다. 그 순간 기어가 전환될 것이다. 이제 바른 방향으로 향할 가능성이 더 높아졌으니 목표에 한 걸음 더 다가선 셈이다.

이래도 과연 잃을 게 있기는 한 걸까?

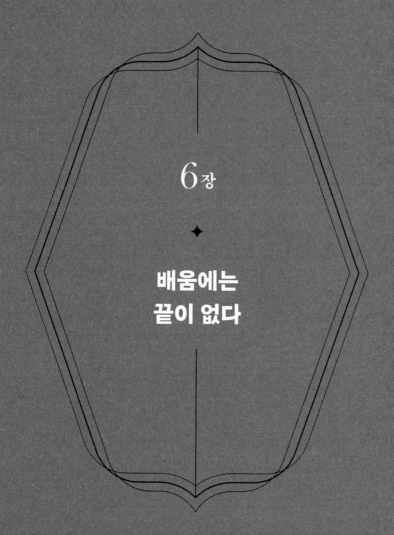

ARNOLD SCHWARZENEGGER

6장

✦

**배움에는
끝이 없다**

Be Useful

내가 보디빌더 챔피언의 꿈을 털어놓았을 때 처음으로 진지하게 받아들이고 응원해준 어른은 내가 10대 시절 그라츠 체육관에서 함께 운동한 친구 카를의 아버지, 프레디 게르스틀이었다.

프레디에겐 놀라운 사연이 있었다. 그는 유대인이지만 2차 대전 때 나치를 피해 가톨릭 신자로 위장했고, 이후 레지스탕스에 가담해 나치 소탕을 도왔다. 전쟁이 끝난 뒤 그라츠로 돌아와 지역 사업과 정치, 특히 젊은이들에 관심을 쏟았다. 그는 부동산 호황기에 아내와 함께 기차역과 큰 광장에 담배와 잡지를 파는 가게 타바클라덴tabakladen을 두 군데 열었다. 그라츠와 주변 지역의 흐름을 파악하기에 안성맞춤인 사업이었다. 이 사업은 그가 나중에 오스트리아 의회 상원의장까지 오르는 데 정치적 발판이 되어주었다.

내가 프레디를 처음 만난 건 1960년대 초 그가 조직한 청소년 단체에 들어가면서였다. 그는 운동과 야외 활동을 통해 우리에게 강인함과 자립심을 길러주었고, 마치 전투를 앞둔 로마 검투사들이 들판에서 야영하듯 우리를 하나로 단결시켰다. 정말 즐거운 경험이었지만 한 가지 문제가 있었다. 2003년 내 주지사 선거운동 때 프레디가 『로스앤젤레스 타임스』 기자에게 한 말에서 알 수 있다. "나는 청소년들을 모아 운동을 시켰는데 한 가지 조건이 있었습니다. 내 말을 잘 들어야 한다는 것이었지요."

뭘 들어야 했냐고? 프레디가 관심 있는 것, 그가 생각하기에 우리가 꼭 알아야 할 것들이었다. 참고로 그런 것들이 엄청 많았다. 하지만 그는 학교 선생님처럼 훈계하지 않았다. 주말에 쪽지 시험을 보지도 않았다. 그저 씨앗을 뿌렸을 뿐이다. "지금은 너희가 이해 못 할 수도 있다." 그가 우리 생각을 정확히 꿰뚫었다. "하지만 알아두길 잘했다 여기는 날이 반드시 올 거다."

그때는 몰랐던 표현이지만 사실 프레디는 르네상스맨이었다. 50년간의 우정을 통해 알게 된 사실인데, 그는 사업과 정치, 그 외 무수한 것들 외에도 스포츠, 개, 오페라, 철학, 역사를 사랑했다. 하지만 그가 내 인생에 가장 큰 영향을 미친 건—르네상스맨의 특징이라 할 수 있을 텐데— 배움에 대한 관심과 새로운 것에 대한 열린 자세였다. 분명 다른 소년들도 나만큼 크게 영향받았을 것이다.

프레디는 각자의 아비들이 해주지 못하는 아버지 역할을 대신하는 존재였다. 그분에게 우리 아버지들에겐 없는 비전이 있었다. 내 아버지는 보디빌딩을 전혀 진지하게 여기지 않았고, 나중에 취직도 못 하고 따돌림당할 거라 했다. 하지만 프레디는 또래보다 훨씬 키와 체격이 큰 나를 보며 보디빌더가 충분히 가능성 있는 꿈이라는 걸 알아챘다. 프레디는 아버지들 중 가장 젊었고 전쟁에서 이긴 편에 속했기에 다른 아버지들과 달리 후회나 수치심에 사로잡힐 일이 없었으므로 나이가 들어서도 개방적인 태도를 유지하기 쉬웠을 것이다. 자신의 신념을 위해 투쟁했고 승리까지 거뒀으니—말 그대로 세상을 구하는 데도 한몫했고— 새롭고 아름다운 것에서 기쁨과 가능성을 발견하기 쉬웠으리라.

처음부터 프레디는 정신적 단련이 신체적 단련만큼 중요하다 강조했다. 성공과 돈, 명성, 근육만 갈망해선 안 되고 지식에도 갈증을 느껴야 한다고 가르쳤다. 근육질의 건장한 몸매를 가꾸면 건강하게 오래 살 수 있고 여자들이 줄 서고 고된 일도 척척 해내 사랑하는 가족을 부양할 수 있다고. 물론 내 경우엔 보디빌딩 챔피언이 되기 위한 필수 과정이기도 했다. 하지만 나이에 상관없이 어떤 분야에서든 성공하고 싶다면, 잠재력과 기회를 극대화하고 싶다면, 건강한 정신과 열린 마음가짐이 반드시 필요하다고 했다.

프레디는 세상은 거대한 학교이며, 우리는 스펀지처럼 가능한 한 많은 지식을 흡수해야 한다는 걸 일깨워주었다. 최고로 유용한 지식을 흡수하는 스펀지가 되려면 항상 호기심을 품어야 했다. 말하기보다 듣기와 관찰을 더 많이 해야 하고, 말할 때는 똑똑해 보이려 하기보다 좋은 질문을 던지는 게 더 중요하다는 것도 배웠다. 어디서든 습득한 정보는 당장 내일이든, 20년 후든 기회나 문제, 도전에 직면했을 때 요긴하게 쓰일 것이라고. 정확히 언제 활용할 수 있을진 모르지만 지식에 힘이 있다는 건 분명했다. 지식이 있어야 쓸모 있는 사람이 될 수 있다.

세상은 거대한 학교

아버지와 사업가, 공직자로서 아이들을 무조건 4년제 대학에 보내려는 미국의 시스템은 답답하기 짝이 없다. 물론 대학은 중요하다. 학위가 있으면 좋고 분명 쓸모가 있다. 의사나 엔지니어, 회계사, 건축가가 되고 싶다면 대학 진학이 올바른 선택이다. 세상에는 필요한 공부를 하고 학위를 따야만 하는 직업이 있다. 당연한 일이다. 화학을 공부하지 않은 의사들이 병원에 가득하고 수학 강의를 들어본 적 없는 조종사들이 매일 600만 명을 실어 나른다고 상상해보라. 아찔해질 것이다.

하지만 무슨 일을 하고 싶은지 확실히 모르거나, 하고 싶은 일이 정해졌는데 굳이 대학 공부가 필요 없다면? 그럴 때 자신과 가족에게 25만 달러의 학자금 빚이라는 족쇄를 채울 이유가 있을까? 고작 졸업장을 위해서 말이다. 오늘날 많은 젊은이에게 대학은 그런 존재가 되었다. 그들에게 대학에 가는 이유를 물어보면 졸업장을 따기 위해서라고 답할 것이다. 이것은 직장에 출근하는 이유가 주말을 즐기기 위해서라는 말과 다를 바 없다. 그것 말고는 아무런 의미도 목적도 없단 말인가?

여기엔 중요한 부분이 빠져 있다. 목적, 비전이다. 우리 사회는 젊은이들에게 목적을 발견하거나 스스로 비전을 창조할 시간과 공간을 주지 않는다. 세상을 통해 가능성을 보는 것이 허락되지 않는다. 잃을 것이 가장 적고 얻을 것이 가장 많을 때 세상으로 나가 마음껏 경험하게 하지 않고, 진짜 세상과는 정반대인 4년제 대학에 가둬버린다.

내가 바로 젊은이들이 세상 밖에서 가장 많은 것을 배울 수 있다는 사실을 증명하는 산 증인이다. 나는 직업학교 교과과정의 일환으로 철물점에서 일하며 판매 기술을 익혔다. 프레디의 거실에 둘러앉아 중요한 질문에 대해 생각하는 법을 배웠다. 그밖에도 나이가 들어서까지 큰 도움이 된, 가슴속 깊이 새겨진 가르침은 모두 체육관에서 얻은 것들이다. 열여섯에서 스물다섯 살 때까지 체육관에서 그 기술들을 연습하고 완벽하게 다듬었다. 체육관은 목표 설정, 죽도록 노력하기, 실패해도 앞으로 나아가기, 대화하는 방법, 다른 이를 돕는 일의 가치 등 모든 값진 기술을 연마하는 실험실이었다. 나에게 체육관은 고등학교이자 대학교, 대학원이었다.

사실 대학 강의실에 발을 들여놓았을 때는—1970년대에 대학 수업을 많이 들었다— 분명한 목적이 있었다. 내 비전을 이루기 위해서였다. 나는 대학 공부도 성공적으로 해냈다. 보디빌딩과 똑같은 방식으로 목표에 접근했기 때문이다. 앞서 말했듯 나에게 모든 길은 체육관으로 통한다.

물론 나에게 국한된 것이기는 하다. 내가 목표 달성에 있어 미쳤다 싶을 정도로 저돌적이긴 하니까. 하지만 매년 3월 오하이오주 콜럼버스에서 열리는 '아놀드 스포츠 페스티벌'에 가보면 남녀 할 것 없이 나와 비슷한 사람들로 넘쳐난다. 처음엔 피트니스 세계를 발견했고 그다음엔 피트니스를 통해 성공적인 삶으로 나아가는 길을 발견한 사람들이 전 세계에서 모인다. 헬스장 주인, 소방관, 차력사, 피트니스 의류와 영양제·건강 음료·물리치료 기구 등을 파는 사업가도 있다. 대학 근처에도 가보지 않은 이들이 대부분이다. 대학을 나온 이들도 있지만, 거기서 배운 것이 사업에 그다지 도움 되지 않았다고 말할 것이다.

부모, 교사, 정치인, 지역사회 지도자 등 젊은이들에게 영향을 끼칠 수 있는 위치에 있는 사람이라면, 대학에 가지 않고도 스스로 비전을 구상하고 행복하고 성공적인 삶을 이뤄낸 사람이 수없이 많다는 사실을 알아야 한다. 우리가 스스로 해결하지 못하는 문제가 있을 때 도움을 청하는 배관공, 전기 기술자, 가구 수리원, 카펫 청소부 등이 그런 사람들이다. 건설업자, 부동산 중개인, 사진작가 등 세상으로 나가 직접 경험을 쌓으며 배운 일을 직업으로 삼는 전문가들도 있다. 그들은 우리 경제가 무너지지 않도록 일종의 접착제 역할을 한다.

우리는 젊은이들에게 이 점을 강조해야 한다. 망치와 못으로, 빗과 가위로, 톱과 사포로 그들의 꿈을 이룰 수 있음을 일깨워줘야 한다. 그래야 하는 이유는 그들뿐 아니라 우리의 이익을 위해서이기도 하다.

전 세계 국가에는 방금 말한 일에 종사하는 사람이 충분치 않다. 영국과 유로존에는 숙련된 노동력 부족이 일부 지역의 공급망을 마비시킬 정도로 심각하다. 미국에서는 정치 지도자들이 컴퓨터 칩 제조 공장을 국내로 가져오려 하지만, 바로 그 제조 설비가 들어갈 건물을 지을 숙련공이 부족하다. 이건 새로운 문제가 아니다. 내가 주지사 시절 직업과 커리어 교육에 많은 투자를 했던 이유도 그래서였다. 업계 종사자들을 지원할 뿐 아니라 사람들에게 그들이 하는 일의 중요성을 이해시켜, 그 분야를 선택하는 젊은이가 늘어나게 하려는 것이었다.

정확한 원인은 모르겠지만, 우리가 사회적 지위에 눈이 멀어 사회 전체가 폐쇄적으로 변한 것도 큰 이유인 듯하다. 만족한 고객이 얼마나 많은지보다 학위가 몇 개인지를 더 가치 있게 여기는 분위기가 되었다. 기업가 정신과 사랑에 빠진 세상이지만, 사업체를 운영하며 육체노동을 하는 사람은 기업가가 아니라 소규모 자영업자다. 아이러니하게도 '소규모 자영업자'와 사회적으로 추앙받는 테크 부문 기업가(그들의 발명품은 때론 현대인을 망치기도 한다)를 비교하면, 육체노동을 하는 소규모 자영업자는 고학력 기업가보다 대부분 더 행복하고 학자금 대출을 받기 전에 내 집을 마련한다. 또한 우리 문화가 추앙하는 빌 게이츠나 마크 저커버그 같은 중퇴자들은 고등학교나 이름 없는 주립대가 아니라 하버드 같은 명문대를 그만둔 것이다.

다른 유형의 중퇴자를 소개하겠다. 나와 LA 베니스의 같은 동네에 사는 이웃인 메리 셰누다Mary Sheno-uda이다. 메리는 프로 운동선수와 배우, 기업가, 기업 임원 등 자기 분야 정상에서 늘 최고 능력을 발휘해야만 하는 이들의 수행 능력을 끌어올려 주는 일류 개인 요리사다. 한마디로 그녀 자신도 항상 최고의 역량을 보여줘야 한다는 뜻이다. 메리는 게임의 법칙을 홀로 터득해서 온전히 독학으로 요리사와 수행 능력 전문가가 됐다.

메리는 고등학교 2학년 때 자퇴하고 모든 것을 독학으로 배왔다. 내가 비슷한 나이에 그라츠의 철물점에서 일한 것처럼, 그녀는 대학 진학 대신 기술 판매직에 종사하며 자신을 파는 법을 익혔다. 실력이 꽤 좋았다. 테니스 외에 처음으로 발견한 재능이었다. 그래서 세일즈를 천직 삼아 매진했다.

그러다가 몇 년 뒤 요리 쪽으로 초점이 옮겨가기 시작했다. 그럴 수밖에 없었다. 그녀는 오랫동안 몸이 아팠다. 사실 10대 내내 아팠고, 고등학교를 중퇴한 이유이기도 했다. 20대 초반이 돼서야 자신에게 유당, 대두, 글루텐 불내증이 심하다는 걸 알게 됐다. 식당이나 슈퍼의 평범한 음식들이 그녀의 면역체계를 공격해 엄청난 염증을 일으켰다. 컨디션이 좋아지고 좋아하는 음식을 다시 먹으려면, 몸이 받아들이는 완전히 새로운 요리법을 찾아낼 필요가 있었다.

그래서 방법을 찾는 데 몰두했고, 그 과정에서 요리에 큰 열정이 생겼다. 결국 그녀는 보통 요리 학교에서 공부하는 것보다 짧은 시간에 전문 요리사가 될 수 있었다. 마침 그 시기에 팔레오와 키토 식단 혁명, 글루텐 프리 혁명이 한창이었다. 커피나 아이스크림에 들어가는 유제품을 아몬드 우유나 코코넛우유(요즘은 귀리 우유)로 바꾸는 사람이 점점 늘고 있었다. 이처럼 메리는 자신을 위해 영양 가득하고 맛있는 식사를 연구하다 식이요법 영역을 탐구하게 되었다.

머지않아 바로 눈앞에 굉장한 사업 아이디어가 있다는 사실을 깨달았다. 그녀는 실리콘밸리에서 성장했고 당시 샌프란시스코 베이 에어리어에 살고 있었기에 주변에는 그녀와 같은 상황이라면 경영대학원에 바로 입학했을 사람들이 가득했다. 하지만 고등학교를 중퇴한 그녀에게는 그렇게 손쉬운 선택지가 아니었다. 설령 대학원에 갈 수 있었다고 해도 가지 않았을 것이다. 그때쯤 그녀는 이미 노련한 세일즈우먼이었고, 눈앞에는 훌륭한 사업 아이디어와 성장하는 시장이 펼쳐져 있었다. 세상은 그녀에게 지금 이 기회를 잡으라고 속삭이고 있었고, 그녀는 그렇게 했다.

메리는 스스로를 '팔레오 셰프'라 부르기 시작했다. 그녀는 목적 지향적인 열정을 사업에 접목시키는 방법을 적극적으로 배워 나갔다. 책을 읽고 의학 저널 논문을 분석하는 법을 스스로 익혔으며, 과거 상사와 업계 전문가로부터 정보를 얻고 고객의 조언을 구했다. 자신처럼 자본 없이 맨손으로 시작해 성공한 사람들의 사례를 주의 깊게 관찰했고, 도움을 주고자 하는 사람들에게는 항상 귀를 기울였다.

그때가 2012년이었다. 그 후 메리는 개인 요리사 사업을 일으켰고, 수행 능력 향상 식품인 '팻 퍼지'Phat Fudge를 개발해 성공시켰다. 사업은 사람들의 삶에 긍정적인 변화를 가져왔고(NBA 챔피언과 아카데미상 수상자들도 그녀의 고객이다), 유연하고 주도적인 삶의 방식을 가능케 했으며, 그녀 자신의 운명마저 바꿔 놓왔다. 이 모든 것은 개방적인 사고방식과 놀라운 직업윤리를 지닌 고졸 중퇴자가 비전을 현실로 만들어냈기에 가능했다.

분명히 말하건대 고등학교 중퇴를 권하는 것이 아니다. 살다 보면 무슨 일이 생길지 모른다. 갑자기 비전 추구가 불가능한 상황이 되어서 한동안 남들이 다 가는 길로 가야 할 수도 있다. 그런 경우 고등학교 졸업장은 운전면허증과 비슷하다. 그 자체로는 대단할 것 없지만, 기본적인 교육을 받았고 필수 기능을 수행할 수 있음을 보여주는 증거이기 때문이다.

이 세상은 당신이 잘하는 일이나 해결하고자 하는 문제가 무엇이든, 꼭 대학을 다니지 않더라도 메리처럼 과감히 도전할 수 있는 기회로 가득 차 있다. 글루텐, 대두, 유당 무첨가 식품을 만들든, 피트니스나 조경 전문가가 되든, 은퇴 후 취미를 부업으로 삼든 말이다.

내가 대학을 폄하하는 것처럼 보일지 모르겠다. 하지만 그런 의도는 아니다. 단지, 꿈을 추구하는 것이 어렵다고 생각하는 것보다 더 안 좋은 것은 마음을 완전히 닫는 것이라는 사실을 말하고 싶었다. 안타깝게도 대학이라는 존재가 많은 이들을 그렇게 만든다. 대학에 너무 얽매이지 않고, 매일 아침 그날을 기대하며 주변 세계에 관심을 기울이면, 비전을 향한 열정과 목표를 찾는 것이 그리 어렵지 않을 것이다.

호기심을 가져라

실제의 나는 영화《코만도》의 존보다《트윈스》의 줄리어스에 더 가깝다. 나는 한발 앞서가는 특수부대원과는 거리가 멀다. 오히려 나는 남들에겐 당연한 일도 모르는 순진한 구석이 있지만, 무엇보다도 호기심으로 가득 찬 성실한 열정이 나를 잘 표현해 준다.

이민자이자 다양한 경력을 쌓아온 나에게 호기심은 초능력과도 같았다. 호기심엔 자석 같은 힘이 있어서 세상의 경이로움에 마음을 열기만 하면 놀라운 기회를 잔뜩 끌어당겼다. 선하고 똑똑한 이들도 내 삶에 들어왔다. 다른 이를 가르치고 지지하며 긍정 에너지를 나누길 좋아하는 사람들 말이다. 덕분에 정말 대단한 이들을 만나고 우정을 나눌 수 있었다. 애초에 날 보디빌딩으로 이끈 레그 파크부터 무하마드 알리, 넬슨 만델라, 미하일 고르바초프, 달라이 라마, 두 교황까지.

친구들은 종종 날 포레스트 검프라고 부른다. 린든 존슨 이후 모든 미국 대통령을 만났으니까. 물론 포레스트처럼 우연히 만난 건 아니다. 내가 유명해져서 기회가 주어진 것이긴 하다. 하지만 호기심 덕에 그들을 더 알아가고 관계를 발전시킬 수 있었다. 그들과 그들의 경험에 대해 질문하고 조언을 구하며 열심히 귀 기울였다.

중요하고 흥미롭고 영향력 있는 이들은 좋은 질문을 하고 경청하는 사람에게 호감을 보인다. 호기심 많고 모르는 걸 겸손히 인정하는 이와 대화하고 도와주고 싶어 한다. 호기심과 겸손함은 자존심 때문에 귀 기울이지 않는 사람과는 거리가 멀다는 것을 보여주니까. 마음이 닫혀 있으면 상대도 알아채고 시간 낭비를 피한다. 스스로 모르는 게 없다고 여기는 사람에게 뭔가를 가르쳐주려고 노력해봤자 헛수고니까.

상대에게 귀 기울이는 인내와 겸손함은 호기심의 핵심이자 학습의 비결이다. 역사상 가장 현명한 사상가와 철학자들은 수천 년간 "귀는 두 개, 입은 하나니 듣기를 말하기의 두 배로 하라"라고 했다. 성경에선 "듣기는 속히 하고 말은 더디 하라"고 했고, 달라이 라마는 "말할 땐 아는 것을 반복할 뿐이나 들을 땐 새 것을 배운다"라고 했다. 헤밍웨이는 "남이 말할 땐 온전히 들어라. 많은 이들이 듣지 않는다"라고 했고, 루스 베이더 긴즈버그 판사도 말했다. "나는 다른 사람들의 말에 귀 기울이고 배움을 얻는 것이 대단히 중요하다고 믿는다."

표현 방식은 각기 달랐지만, 그들 모두가 전하고자 한 메시지는 이거였다. 우리는 자신이 아는 것만큼 잘 알지 못하니 말은 아끼고 마음의 문을 활짝 열어야 한다는 것. 나는 《터미네이터》를 찍으면서 이 교훈을 깊이 깨우쳤다. 만약 에이전트와 내 자존심 때문에 앞으로 역사상 가장 위대한 감독 중 한 명이 되는 남자와 언쟁을 벌였더라면 그 영화에 출연하지 못했을 것이다.

제임스 카메론을 처음 만난 것은 1983년 봄, 할리우드 식당에서였다. 《터미네이터》 각본에 대해 이야기했다. 나는 제작사 대표 마이크 메다보이에게 시나리오를 받았고, 《코난》 속편을 준비 중이었다. 에이전트인 마이크와 나는 《터미네이터》를 내 차기작으로 거의 확정했고, 내가 주인공 카일 리스 역을 맡아야 한다고 생각했다.

얼핏 보면 당연한 일이었다. 카일 리스는 사라 코너와 인류를 첨단 살인 기계로부터 구하기 위해 미래에서 온 군인이자 영웅 중의 영웅이었으니까. 하지만 점심 내내 대화는 터미네이터에 쏠렸다. 내겐 가장 흥미롭고 관심 가는 캐릭터였다. 각본을 읽으면서 궁금증이 많이 생겼고 인간과 똑같은 모습으로 만들어진 로봇을 어떻게 연기해야 하는지 몇 가지 아이디어가 떠오르기도 했다.

짐에게 질문과 아이디어를 쏟아냈다. 내 폭넓은 호기심과 깊은 관심에 놀란 눈치였다. 아무래도 그는 내가 근육만 많은 멍청이일 거라고 생각했던 모양이다. 짐도 그 영화가 잘 만들어지기 위해서는 터미네이터가 가장 중요한 캐릭터라고 생각했다. 우리는 캐릭터가 기계라는 점을 고려할 때 어떤 연기가 필요한지에 대해서도 생각이 잘 통했다.

식사가 진행될수록 짐은 내가 터미네이터를 맡아야 한다고,

최소한 맡을 만하다고 확신했다. 나도 속으로 동의했지만 솔직히 원하는 배역은 아니었다. 나는 코난이고, 코난은 영웅 아닌가. 최고의 액션 영웅이 목표인데 악당 역할을 맡는 건 곤란하다고 말했다. 짐은 내 설명을 주의 깊게 듣더니 이해해주었다. 그도 그럴 것이 내 입에서 나온 그 말은 할리우드의 기본 상식이었다.

이제 내가 듣고 이해할 차례였다. 이 영화가 전형적인 할리우드 액션물이 아니라는 게 짐의 요점이었다. 영화에는 시간여행, 미래 지향, 공상과학이 나온다. SF 장르는 다른 법칙이 적용된다. 더욱이 터미네이터는 사실 악당이 아니었다. 미래에서 터미네이터를 보낸 자들이 진짜 악당들이고, 터미네이터 자체는 그저 주어진 일을 수행할 뿐이라는 것이었다. 짐은 내가 그 캐릭터를 어떻게 연기하고 싶은지, 그가 그 영화를 어떻게 만들고 싶은지에 따라 우리가 원하는 대로 만들 수 있다고 했다. 내가 맡기로 한다면 말이다.

밤새 고민할수록 터미네이터로 변신한 내 모습은 상상이 잘 안 갔다. 짐과의 대화만 맴돌았다. 당시 그는 고작 영화 한 편을 만든 신참 감독에 불과했지만, 《터미네이터》의 시나리오는 무척이나 독창적이었고 그는 자신이 어떤 영화를 만들고 싶은지 정확히 알고 있는 듯했다. 내가 카일 리스 대신 터미네이터를 맡아야 한다는 그의 설명이 내 마음을 흔들었다. 당시 나 역시 주연 영화가 한 편뿐이었다. 과연 내가 잘 안다고 장담할 수 있을까?

다음 날 짐에게 전화를 걸어 터미네이터 역을 맡겠다고 말했다. 에이전트들은 내 결정에 반대했다. 영웅이 악당을 맡으면 안 된다는 통념이 그들에겐 너무나 강했다. 나는 그들의 말을 들었지만 귀담아듣진 않았다. 직감을 따르고 호기심이 이끄는 대로 갔다. 더 중요한 건 계속 마음을 열고 짐의 이야기에 귀 기울였다는 점이다.

진정으로 그의 말을 경청했기에 내 커리어에서 가장 중대한 선택을 할 수 있었다. 《터미네이터》는 성공을 거뒀고 물론 수입도 늘었다. 하지만 가장 큰 수확은 따로 있었다. 캐스팅 전 짐과 나눈 대화, 리허설이나 촬영장에서 받은 디렉션, 그가 내 장면을 편집하는 모습을 지켜보며 내가 액션 영웅 이상이 될 수 있다는 확신이 생겼다. 진정한 영화배우, 주연급 스타로 거듭날 수 있다는 것을.

내 첫 번째 인생 목표는 1961년 그라츠에서 레그 파크가 나오는 영화를 보고 생겼다. 그 비전은 1983년 LA 베니스에서 제임스 카메론과 점심을 먹으며 그의 말에 귀 기울인 순간 중대한 전환점을 맞았다. 그때의 전환점은 이후 20년간 내 선택을 이끌었다. 헤밍웨이 말이 맞았다. 남이 말할 땐 온전히 들어야 한다.

스펀지가 되어라

목표를 좇는 과정에서는 대인관계를 효과적으로 활용하는 게 중요하다. 여기에서 호기심과 경청 능력이 중요한 큰 역할을 한다. 사람을 조종하자는 게 아니라 실용적으로 활용하자는 뜻이다. 우리의 목표 달성에 타인은 중요한 자원이다. 하지만 남의 말을 대충 듣고 흘려선 안 된다. 제대로 경청해야 내가 남에게, 남이 나에게 자원이 될 수 있다.

내가 주지사에 출마했을 때, 사람들은 내가 활동적인 성격이기 때문에 선거 캠페인을 즐길 것이라고 말했지만, 주지사 사무실에서 정책을 검토하는 일은 지루해할 것이라고 예상했다. 나를 잘 모르는 이들 역시 비슷한 생각을 했으나, 그들은 내가 항상 주목받고 싶어서 그런다고 생각했다. 양쪽 다 맞기도 하고 틀리기도 했다. 사람들은 내가 평생 새로운 지식과 정보를 스펀지처럼 빨아들이며 살아왔다는 걸 모르고 있었다. 어린 시절, 프레디나 다른 보디빌더들로부터 배움을 얻기 시작한 순간부터 나는 계속 배워왔다. 그리고 주지사 직책이야말로 세상을 배우는 멋진 기회임을 인식하지 못했다.

나는 체육관에서 기이해 보이는 훈련법을 시도하는 이를 보고 '마빡이'a forehead라고 단정하지 않았다(친구 빌 드레이크는 모든 사람을 '마빡이'라고 불렀는데, 네안데르탈인처럼 이마가 낮은 곳에 있다는 뜻이었다). 오히려 그 방법이 내게 도움이 될지 몰라 다가가 물어봤다. 한 예로 오래전, 위대한 보디빌더이자 트레이너였던 빈스 지론다가 자신의 노스할리우드 체육관에서 옆으로 누워 하는 삼두 운동인 사이드라잉 트라이셉스 익스텐션sidelying triceps extension을 하는 모습을 처음 봤을 때 솔직히 작은 덤벨을 들고 운동하는 모습이 미키마우스 같았다. 그러나 그의 운동 방식이 여성스러워 보인다거나, 헤비리프팅 경력이 없다는 이유로 그를 비웃지 않았다. 직접 해봤더니 40세트 만에 그 어떤 운동보다 효과가 좋았다. 다음 날 하루 종일 삼두근 바깥쪽이 쑤셨다. 너무 좋아서 빈스에게 질문을 쏟아냈다.

"어떻게 이런 운동을 생각해냈어요? 다른 비슷한 동작보다 더 효과적인 이유는 뭘까요? 어떻게 하면 운동 루틴에 가장 효과적으로 포함할 수 있을까요?"

질문의 목적은 여러 가지였다. 대답을 듣고 수긍이 가면 의심이나 걱정이 사라질 테고, 내 호기심은 빈스에게 겸손함을 보여 경계심을 낮추고 소중한 훈련 팁을 더 많이 공유하도록 했다. 하지만 핵심은 이거다. 관심사에 대한 '어떻게'와 '왜'라는 질문은 정보를 머릿속에 깊이 각인해서 다른 관련 정보와 연결될 가능성을 높인다. 그 정보는 훗날 다른 이를 도울 기회가 왔을 때 더 요긴하게 쓰인다.

주지사직이 내가 거친 그 어느 직업보다 좋았던 이유이기도 하다. 사회 돌아가는 온갖 정보를 흡수하고, 그걸로 수백만 명을 도울 수 있는 자리였으니까. 이를테면 교도관이 더 필요하단 사실을 알게 됐다. 그들은 인력 부족으로 초과근무에 시달렸고 근무 환경도 위험해졌다. 만성 피로에 보안 프로토콜 오류와 실수도 늘고 있었다. 잠시 후엔 처방약 가격과 건강보험료에 대해 알았고, 세상에서 가장 똑똑한 과학자들과 이야기하며 매년 공기오염으로 수백만 명이 죽어간다는 것도 알게 됐다. 다음 날엔 토목 엔지니어 팀과 만나 13,000마일(약 20,921킬로미터)에 이르는 캘리포니아주의 제방이 허물어지고 있다는 설명을 들었다. 주에 제방이 그렇게 많은 줄도 몰랐다. 네덜란드나 루이지애나보다 더 많았다. 회의가 끝나자마자 간호사들과 만났다. 그들은 캘리포니아 병원의 간호사 대 환자 비율이 1 대 6보다 개선돼야 한다고 역설했다. 한 명이 6명을 돌보느라 근무 시간에 필요한 일을 다 끝내기 어려웠다. 예를 들어, 간호사들은 평균 체격의 성인 남성을 들어 올릴 수 없으므로 환자가 화장실에 가야 할 때면(2018년에 내가 심장 수술을 받을 때도 겪은 일이다) 간호사 두 명이 필요하다. 당연히 그 둘은 그 시간에 다른 환자를 돌볼 수 없었다. 간호사들과 단 한 번 대화로 알게 된 사실들이다!

그런 경험들은 정말 멋졌다. 끊임없이 새로운 것을 배웠으니까. 배움이 쌓일수록, 가르침을 주는 이들에게 질문할수록 정보의 연결고리가 보이고 지도자로 성장하는 게 느껴졌다. 새크라멘토 주지사 사무실에서 매일 새 퍼즐 조각을 얻고, 머릿속 청사진처럼 개선된 시스템이란 그림을 맞추는 기분이었다. 완성된 그림이 이해되지 않거나 청사진에 결함이 보이면 변화를 추구해야 함을 깨달았다.

나는 운이 좋았다. 타고난 호기심이 없어도, 주지사의 위치에서는 주 정부가 돌아가는 원리에 대해 아무리 시간이 오래 걸려도 다른 사람들에게 설명해달라고 할 수 있으니 말이다. 대부분에게는 그런 운이 없다. 세상 이치를 설명해달라 부탁할 권한도, 마음을 열고 스펀지처럼 세상을 흡수하라 일러줄 프레디 게르스틀 같은 멘토도 없는 게 보통이다. 혼자 알아내야 한다. 주위에 도와줄 이가 없다면 두렵고 절망스러울 수밖에.

그래서 출구 없는 터널에 갇힌 듯 느끼는 사람이 많을 거다. 그들은 알 수 없는 세상을 살아간다. 하지만 현실은 현실이다. 실상을 인정하고 헤쳐나가야 한다. 그 누구도 아닌 내 삶이다. 남들은 부자인데 나는 가난하고 남들은 키가 크고 머리도 좋고 신체적인 능력도 뛰어난데 나는 그런 것들을 하나도 가지지 못했을 수도 있다. 세상에는 이렇게 바꿀 수 없는 것도 있지만, 바꿀 수 있는 것도 있다. 호기심 품고 지식을 스펀지처럼 빨아들이고, 그 지식으로 나만의 비전을 그리면 된다.

《터미네이터》에 유명한 대사가 나온다. "운명은 없다. 우리가 만든 것뿐"There's no fate but what we make for ourselves. 슬프게도 운명은 스스로 만든다는 것을 누구도 가르쳐주지 않았다. 바꿀 수 없는 건 내버려두고 상황을 극적으로 바꿀 수 있다고. 누구나 할 수 있다. 저마다 미래를 개척할 수 있다. 당장, 이 순간부터. 당신이 이 책을 집어 든 순간 벌써 운명을 개척하기 시작했을지 모른다. 정말 잘된 일이다. 그럼 이제 스스로 할 수 있다 믿지 않고 환경을 바꾸려 애쓰지 않는 이들에게 가보자. 그들에게 다가가는 게 굉장히 중요하다. 누구나 자신의 인생을 개척해 나갈 수 있다는 가르침 없이 자란 사람은 호기심이 메말라 있다. 호기심이 사그라지면 새것을 흡수할 마음의 스펀지가 메마른 벽돌로 굳어버린다. 어려운 결정 앞에서 취약해질 수밖에 없다.

프레디 게르스틀이 나에게, 내가 이 책으로 당신에게 도움을 주려 하듯 주변인들의 호기심을 일깨워라. 세상에는 스펀지 같은 마음이 더 많이 필요하다. 똑똑하고, 긍정적이며, 추진력 있고, 쓸모 있는, 비전 품은 이들 말이다. 더 나은 세상을 꿈꿀 수 있는 사람들. 이 모든 건 지금부터 세상의 지식을 흡수해야만 가능하다.

배움을 멈추지 않는 자만이 성장한다

쓰지 않으면 못 쓰게 된다 Use it or lose it. 인생의 많은 국면에 해당할뿐더러 어쩌면 우주의 진리일지도 모른다.

체육관에선 근육을 쓰지 않으면 쪼그라들어 사라진다. 근육 위축이라 한다.

할리우드에서는 유명세를 이용해 큰 작품을 하거나 영향력을 행사하지 않으면 그 별은 희미해지고 결국 기회 자체를 잃는다.

정부에선 연간 예산 항목에 배정된 돈을 그해 쓰지 않으면 다음 해엔 증발해 두 번 다시 보지 못한다.

'쓰지 않으면 못 쓰게 된다'는 잘 익은 과일부터 정치적 선의, 미디어 관심, 쿠폰, 돈벌이 기회, 도로에서 끼어들 틈까지 온갖 상황에 적용되는 법칙이다. 그중 가장 중요한 건 살면서 흡수하는 지식일 거다. 몸을 움직여 근육을 단련하듯 규칙적으로 머리를 써서 지식을 활용하지 않으면 결국 그 지식은 힘을 잃는다.

지식 활용이 얼마나 큰 영향력을 발휘하는지 실감한 적이 있다. 1990년부터 3년간 대통령 직속 체력 및 스포츠 위원회 위원장을 맡았는데, 임기 중반쯤의 일이었다. 부시 대통령 직속 위원회를 이끌며 50개 주 학교를 모두 찾아갔다. 지역 리더들과 정책을 논하고, 학교에선 아이들에게 동기를 부여하고, 부모들에겐 TV를 끄고 밖에 나가라 설득하는 강연도 했다. 교육자, 의료인, 피트니스 전문가, 건강 관리 지도자, 영양사 등 소아비만 문제를 해결하고 예산 부족으로 축소되는 체육 수업을 지키는 데 도움을 줄 수 있는 사람들과 함께 원탁회의와 패널 토론을 진행했다. 출장에선 말도 많이 했지만 대부분은 스펀지처럼 정보를 흡수하느라 보냈다. 보고 듣고 질문하며 그 주에서 벌어지는 일을 현장 직원들에게 직접 배우려 애썼다. 그들이 맞닥뜨린 상황은? 체육 수업을 지키기 위해 이미 시도해본 방법은? 그중 성공이나 실패한 것은? 그들에게 무엇이 필요한지? 그 이유는?

당시 참석한 행사마다 머릿속을 새로운 정보로 가득 채웠다. 위원회의 연례 보고서나 권고안 외에는 그 지식을 쓸 일이 한동안은 없었다. 그러다 1992년, 내가 사는 동네에서 15마일(약 24킬로미터) 떨어진 LA 동부 홀렌벡 청소년 센터에서 '이너 시티 게임'ICG이라는 프로그램을 운영하는 대니 에르난데스라는 멋진 남자를 만났다.

대니는 LA 동부의 험난한 동네 보일 하이츠 출신이다. 그곳에서 고교를 졸업하고 베트남전에 참전해 훈장을 받고 대학 진학을 위해 고향에 돌아왔으며, 아직도 그곳에 산다. 그는 보일 하이츠의 눈과 귀, 심장과도 같다. 수년간 지켜보며, 그는 학교가 문 닫는 여름방학에 아이들이 마약과 갱단에 노출될 위험이 가장 크다는 것을 깨달았다. 아이들이 갈 곳도, 건설적인 할 일도 없어서다. 그는 아이들이 거리에서 헤매지 않도록 LA 동부 아이들을 위한 이너 시티 게임ICG를 시작했다. 올림픽과 비슷한 학업과 스포츠 대회라고 할 수 있다.

내가 대니를 만난 건 LA 폭동 직후였다. 1년 전, 흑인 로드니

킹을 고속도로에 세워 구타한 사건으로 기소된 경관 4명이 그해 봄 무죄 판결을 받자 인종 갈등이 극에 달했다. 판결에 항의하는 시위가 1주일간의 약탈, 방화, 폭력, 재산 파괴로 번졌다. 대니가 책임지고 있던 가난한 동네들이 막대한 피해를 입었다. 상점, 아파트, 쇼핑몰, 때론 온 블록이 불탔다. 한 달 남짓한 여름방학이, 보일 하이츠는 물론 LA 전역 아이들에게 중대한 시기가 되리란 것을 알았다. 50만 명의 5~18세 아이들이 교실에서 거리로 쏟아지는 시기였다. 지역사회 지도자들이 주의를 기울이고 현장을 살피지 않는다면 상황은 순식간에 악화될 것이 뻔했다. 대니는 ICG를 LA 동부 너머로 확장해 온 지역 아이들을 참여시키는 방안을 고민했다. 널리 알리고 자금을 댈 지역 정치인과 유명 인사의 도움을 받고 싶어 했다.

바로 그때 우리와 연락이 닿았다. 대니의 안내로 홀렌벡 청소년 센터를 둘러봤다. 체육관, 복싱링, 스포츠 기구가 많았다. 샤워실 딸린 라커룸, 아이들이 공부할 조용한 공간, 언제든 도와줄 어른 멘토도 있었다. 컴퓨터실까지 있었는데 1992년 당시에는 대단한 일이었다. 컴퓨터실 빼고는 옛 그라츠 체육관이 떠올랐다. 가능성으로 가득한 성스러운 공간이었다.

대니는 지난 10년간 해온 일을 들려줬다. 나는 스펀지처럼 그 자리에서 모든 걸 흡수하고 ICG 계획에 대해 많은 질문을 던졌다. 제대로 도우려면 잘 알아야 했다. 게다가 그 센터와 대니의

사명이 진심으로 날 사로잡았다. 특히 그가 하는 프로그램이 왜 다른 데는 없는지 궁금했다. 당시 전국의 학교를 다녀봤지만 ICG 같은 건 본 적도, 들은 적도 없었다. 대니 말로는 주정부와 연방정부의 지원금 따내기가 매우 어려웠다. 아마 그 이유일 거다. 그가 시장도 주지사도 아닌 내게 도움을 청한 이유이기도 했다.

대니는 정말 대단한 사람이었다. 센터와 ICG에 대한 그의 포부는 내가 보디빌딩과 연기에 도전할 때의 야망을 보는 듯했다. 둘 다 겉보기에는 터무니없고 미친 꿈 같았다. 하지만 우리가 목표에 귀 기울이고 이루려고 얼마나 노력하는지 안다면 결코 그렇지 않다는 것을 알 수 있었다.

그의 이야기를 듣고 동참하기로 했다. 나는 대니가 ICG를 LA 전역으로 넓히게끔 돕는 ICG 집행위원이 됐다. 우리는 재빨리 비영리 단체 ICG 재단을 설립했다. 나는 여름 내내 친구들과 할리우드 거물들에게 이 일의 중요성을 알리고 기부를 요청했고, 대니는 기업 후원을 이끌어냈다. 도시가 아직 폭동의 여파로 회복 중이어서 여름방학에 맞춰 게임을 열진 못했다. 그러나 그 가을, LA 곳곳에서 10만 명의 아이들이 참여한 ICG가 열렸다. 아이들은 에세이, 댄스, 미술 부문과 10여 종의 운동 종목에서 겨뤘고, 장학금을 상금으로 받았다. 무료 직업 박람회, 아이들과 가족을 위한 무료 건강 및 체력 검사도 제공됐다.

대성공이었다. 엄청난 관심을 모았다. LA 같은 대도시에서 비전을 알리려면 꼭 필요한 일이었다. 1992년 전국 언론에도 ICG가 보도됐다. 더 바랄 게 없었다. 덕분에 대니와 나는 내가 보디빌딩 대중화와 연기에 도전할 때처럼 우리 스스로 이야기를 만들어 갈 수 있었다. 원하는 방식으로 ICG의 메시지를 전하고 애틀랜타와 시카고 등 다른 지역 관계자들의 관심도 끌었다. 그들은 전해에 대니가 이룬 성과를 기사로 보고 자기 도시에서도 이 행사가 통할지 직접 알아보려 했다.

다른 도시에서 ICG가 잘될지 장담할 순 없었다. 하지만 체력 및 스포츠 위원회 위원장으로서 확실히 아는 것은 미국 내 많은 도시에는 이런 프로그램이 필요하다는 것이었다. LA처럼 그들도 여름방학에 돌볼 사람 없이 방치되는 수십만 명의 아이들이 있었으니까.

내가 또 아는 건, 이게 도시들의 여름철 문제만이 아니란 사실이었다. 방과 후에 매일 일어나는 일이었다. 미국 전역의 학교를 다니며 직접 보고 들은 문제였다. 수업이 끝나면 어떤 아이는 부모가 데리러 오고, 어떤 아이는 스쿨버스에 오르지만 둘다 아닌 경우도 많았다. 그들은 학교 근처를 어슬렁거리거나 무리 지어 어딘가로 갔다. 특히 방과 후 스포츠가 없는 중학교에서는 이런 패턴을 자주 봤다. 이유가 궁금해 교사, 교장에게 물었더니 부모가 없거나 돌봄 서비스를 구할 형편이 안 되는 학생이 70퍼센트였다. 부모 퇴근 전까지는 아무런 보살핌 없이 집에 혼자 있어야 한다는 이야기였다. 여러 도시의 경찰서장도 아이들이 수업 끝나고 어른들이 퇴근하기 전인 오후 3~6시가 '위험 시간대'라고 말했다. 약물, 술, 갱단, 범죄, 10대 임신 등 온갖 문제에 가장 취약해지는 시간이 이때였다.

이너 시티 게임이 1992년 가을, 93년 여름에 연이어 성공하자 LA를 넘어 전국으로 확대할 가능성이 엿보였다. 충분한 지원과 자금만 있다면 여름뿐 아니라 1년 내내 방과 후 프로그램으로 만들 수 있겠단 희망이 생겼다. 희망만이 아니었다. 이 일에 대한 비전도 있었다. 그 비전 실현에 필요한 지식과 능력도 내게 있다고 믿었다. 20년 넘게 쌓아온 내 이름값을 활용할 절호의 기회였다. 인맥도 있었다. 대통령 직속 체력 및 스포츠 위원회 위원장으로서 50개 주 학교를 돌며 만난 정치인, 공무원, 전문가들에게 연락할 수 있었다. 앵커리지부터 애틀랜타까지 전국을 다니며 토론회, 간담회, 질의응답, 타운홀 미팅에서 배운 모든 정보를 총동원할 수 있었다. 그간 프레디의 가르침대로 스펀지처럼 빨아들인 소중한 정보들을 짜내 위기의 아이들을 도울 시간이 온 것이다.

나는 기회를 보면 곧바로 행동하는 성격이라 에너지가 넘치는 여성 보니 리스와 함께 재빨리 로비와 모금에 나섰다. 우리가 구상 중인, ICG 같은 강력한 방과 후 프로그램이 필요한 미국 도시들을 찾아갔다. 우리는 사비를 들여 전세기로 수없이 날아다니며 주정부 관리들을 닥치는 대로 만났다. 그들이 처한 문제에 귀 기울였다. 이 프로그램을 그들의 도시나 일부 학교에서 운영할 자금을 마련하는 것과 관련한 문제가 대부분이었다. 나는 대통령 직속 위원회 시절처럼 모든 정보를 흡수하고, 우리가 해결하려는 더 큰 문제들을 이해하는 데 사용했다. 보니, 대니, 우리가 아는 자선사업가들, 주·연방정부 기관들과 함께 모두의 지식을 모아 ICG 재단을 통해 전국의 도시에 해법을 제시하려 했다.

결과적으로 ICG는 몇 년간 꾸준히 성장해 전국에 9개 지부를 갖게 됐다. 동시에 우리의 노력은 학교와 협력해 연중 방과 후 프로그램을 제공하는 비영리단체 '애프터스쿨 올스타즈'로 이어졌다. 현재 이 단체는 미국 40개 도시, 450개가 넘는 학교에서 매일 약 10만 명의 아이를 보살피고 있다. 내가 아직도 이 프로그램과 함께한다는 게 무척 자랑스럽다. 입을 다물고 마음을 열면 무엇이 가능한지를 잘 보여주는 빛나는 사례니까. 진정한 관심으로 귀 기울이고 배우면서 문제에 접근하라. 세상의 아주 작은 부분이라도 더 좋은 곳으로 만들려면 주저 없이 모든 걸 쏟아부어라.

호기심, 지식에의 열망, 열린 마음, 지식의 활용.

이것이 누구나 실질적이고 의미 있는 변화를 만드는 공식이다. 삶과 일, 정치 문제 등 모두에 해당한다. 지금 상황에서 변화를 추구해 비전이 더 커질 공간을 만드는 비결이기에 매우 중요하다. 당신은 분명 더 크게 성장하길 바랄 테니까.

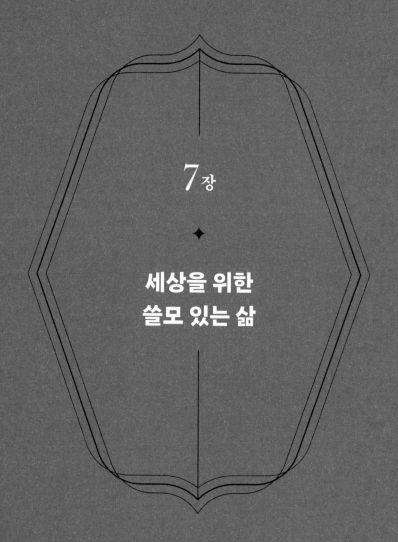

7장

세상을 위한
쓸모 있는 삶

Be Useful

나만의 철칙이 있다. 나를 슈니첼이라 부르든, 터미^{Termie}라 부르
든, 슈워지^{Schwarzie}라 부르든 상관없다. 하지만 절대 '자수성가한
사람'이라고 부르지는 마라.

젊은 시절, 영어 이해력이 부족했던 탓에 사람들이 나를 그렇
게 부를 때마다 혼란스러웠다. 자수성가한 사람^{self-made man}, 그
러니까 혼자서 이룬 사람? 칭찬인 건 알겠는데 이런 생각이 들
었다. 도대체 무슨 소리지? 내 부모님은? 애초에 날 낳아주신
분들인데. 조 웨이더는? 날 미국으로 데려와 초기의 꿈을 이루
게 해준 사람이고. 스티브 리브스와 레그 파크는? 그들 덕에 보
디빌딩에서 연기로 전향하는 현실적인 꿈을 꿀 수 있었다. 존

밀리어스는? 그가 날 코난으로 만들어줬다.

문자적인 의미에 너무 집착하는 것일지도 모르겠다. 하지만 난 내가 홀로 해냈다고 생각해본 적이 없다. 처음에는 내가 '아 메리칸 드림'의 사례라 여겼다. 내가 해낸 걸 누구나 할 수 있다 고 믿었다(지금도 그렇게 생각한다). 하지만 혼자 이룬 것은 전혀 아니라고 생각했다. 잠깐 차근차근 짚어보자. 내가 아메리칸 드 림의 본보기라면 어떻게 혼자 해냈다고 할 수 있나? 내 모든 성 공에는 처음부터 미국이 꼭 필요했다. 난 맨 처음 바벨을 들기 도 전에 이 나라에 빚을 졌다!

나이 들며 그 말의 뉘앙스와 역사를 점차 깨달았다. 사람들이 자수성가라는 말로 내게 진정 전하고 싶었던 칭찬이 뭔지 알게 됐다. 근면하고 끈기 있고 의욕 넘치고 헌신적이라는 말이었다. 이런 것은 목표 달성에 필요한 자질이고, 물론 나를 설명하는 말이기도 하다. 누가 나 대신 바벨을 들어준 것도 아니고 대신 영화 대사를 읊은 것도 아니고 대신 법안에 서명한 것도 아니라 는 점에서 그랬다. 하지만 그렇다고 혼자서 해낸 것은 아니었 다. 내가 그간의 기회를 거쳐 지금에 이른 건 수많은 특별한 이 들이 내 삶에 미친 영향 덕분이다.

이건 나만의 이야기가 아니다. 우리 모두 다른 이들 덕에 여 기에 있다. 설령 살아오며 좋은 영향을 준 사람을 한 명도 만나 지 못했고, 지금까지 방해물과 적뿐이었으며 상처만 받았다 해도 그들은 모두 당신에게 뭔가를 가르쳐줬다. 당신이 그들보다 훨씬 나은 사람이며 역경을 이겨낸 생존자라는 것 말이다. 무엇을 하지 말아야 하고 어떤 사람이 되면 안 되는지를 배웠다. 그리고 당신은 지금 더 나은 사람이 되려고 이 책을 읽고 있다. 좋든 나쁘든 오늘날의 당신에게 영향을 준 이들 덕분이다.

곰곰이 생각해보면 우리는 살면서 그 무엇도 홀로 해낸 게 없다. 언제나 도움과 지도가 있었다. 의식하든 못하든 누군가 어떤 식으로든 길을 닦거나 방향을 제시해줬다. 이 사실을 깨달았으니 이제 당신에게도 돌려줄 책임이 있음을 알아야 한다. 남을 도와야 한다. 그들이 올라올 사다리를 내려줘야 한다. 누군가에게 받은 도움을 또 다른 이에게 갚아야 한다. 쓸모 있는 사람이 되어야 한다.

장담컨대 이 책임을 온전히 받아들이면 당신의 삶이 바뀌고 셀 수 없이 많은 이의 삶도 나아질 것이다. 더 일찍 깨닫지 못해 아쉬울 지경이다. 처음엔 책임감에서 시작한 일이 이내 특권과 영광으로 느껴져 결코 그만두거나 당연하게 여기지 않게 된다.

인생은 제로섬 게임이 아니다

이런 책은 작가와 독자, 두 사람의 대화나 마찬가지다. 당신과 나 말이다. 내가 온 세상에 말하는 게 아니라 당신 한 사람에게 말하는 거다. 참으로 심오하고 신성한 관계라 생각한다. 하지만 자기계발서는 가끔 이상한 짓을 하기도 한다. 작가는 독자에게 동기를 부여하고, 인생 비전을 세우고, 목표를 높이 잡아 이루려는 욕구를 북돋는다. 그런 책들은 이기적으로 살아야 한다는 일종의 허가증이 될 수 있다. 자기계발을 제로섬 게임으로 둔갑시켜 '세상 모두가 적'이란 태도를 정당화하는 데 쓰일 수도 있다. 내가 부자가 되려면 누군가는 가난해져야 하고, 내가 강해지려면 누군가는 약해져야 하며, 내가 성공하려면 다른 이들은 모두 실패해야 한다는 사고방식 말이다.

단언컨대 이건 체력 대결을 제외하곤 다 헛소리다. 인생은 제로섬 게임이 아니다. 우리는 함께 자라고, 함께 풍요로워지며, 함께 강인해진다. 누구나 자신만의 시간에, 자신만의 방식으로 승리할 수 있다.

우리가 가족, 친구, 이웃, 동료, 같은 공기를 마시는 모든 이들과 다양한 방식으로 나눔을 실천한다면 이것이 가능하다. 그들이 비전을 이루도록 어떻게 도울 수 있을까? 그들의 목표를 어떻게 지원할 수 있을까? 좋아하는 일을 더 잘할 수 있게 어떤 도움을 줄 수 있을까? 도움이 필요한 이에게 무엇을 해줄 수 있을까? 주변인들을 위해 이 질문들에 답하다 보면 나눈 만큼 돌려받는 경험을 하게 될 것이다.

나는 체육관에서 운동 파트너들과 훈련하며 이 사실을 처음으로 강렬히 깨달았다. 우린 늘 서로를 독려했다. 훈련 기술과 식단 팁을 공유했다. 격려하면서도 누가 최대 중량을 드는지, 실패하는지 지켜봤다. 우린 결국 경쟁자임을 알고 있었지만, 서로의 경쟁력을 높이는 데 일조한다는 것도 알았다. 훈련 파트너가 강해질수록 우릴 더 밀어붙일 테니 나 역시 더 강해진다는 사실도 알았다.

서로 돕는 일은 개인 보디빌더뿐 아니라 보디빌딩계 전체에 이로웠다. 70년대에 나는 세계적인 보디빌딩 스타였지만, 만약 내가 근육량도 적고 근육 선명도도 떨어지는 선수들과 대회에 출전했더라면, 그저 신기한 구경거리로 여겨졌을 것이고 보디빌딩은 서커스 공연 수준에 그쳤을 것이다. 다른 선수들이 없었다면 내 전성기 때의 몸이 가능했을까? 훈련 파트너 프랑코 콜럼부가 내 한계를 계속 밀어붙이지 않았더라면, 프랭크 제인이 함께 살며 근육 선명도를 높이는 법을 알려주지 않았더라면 미스터 올림피아에서 우승할 수준의 몸을 만들지 못했을 거다. 모든 보디빌더가 체육관에서 서로의 발전을 도왔기에 보디빌딩이 전성기를 맞이할 수 있었다. 덕분에 대회 수준이 높아지고 보디빌딩 산업의 규모가 커졌다.

영화계에서도 이런 선순환을 경험했다. 할리우드 배우들은 심리적 불안감이 크고, 적절한 조언과 지원이 없으면 영화 자체가 제로섬 게임이 되곤 한다. 가령, 자기 장면에서 가장 돋보이려 하고, 어떻게든 동료보다 비중을 늘리고 다른 이를 밀어내려 한다. 그래야 훌륭한 배우이자 스타가 되고 상을 받는다고 여기는 것이다. 하지만 그런 개인적 야망과 이기적인 행동이 결국 작품을 망친다. 영화가 부자연스러워지고 관객에게 안 좋은 영향을 미친다. 배우들이 한 장면에서 서로 돕고 상대의 연기가 빛나게 자리를 내주면 좋은 영화를 넘어 위대한 영화가 된다. 그들의 연기가 관객에게 훨씬 큰 울림을 준다. 영화는 성공하고, 배우들은 더 많은 작품을 제안받아 더 큰 수익을 올린다.

이기심을 버리고 동료나 경쟁자를 도우면 모두의 삶이 나아진다. 긍정적인 분위기가 조성돼 나 역시 더 성공하고 행복해질 수 있다. 그래서 사람들은 여러 주연이 비슷한 비중을 가진 앙상블 캐스트ensemble cast(원톱 주연이 아니라 거의 비슷하게 중요한 비중을 가진 여러 배역을 등장시키는 것 —옮긴이) 드라마를 좋아한다. 수익보다 고객과 직원을 우선시하는 파타고니아 같은 기업, NBA 골든스테이트 워리어스의 2017년 시즌 활동, 그리고 스페인 축구 국가대표팀을 사랑한다. 환상적인 패스로 모든 선수를 경기에 참여시키고 각자의 재능을 발휘할 수 있게 팀워크를 발휘했기 때문이다.

반면 이기적인 슈퍼스타 선수, 자기중심적인 CEO, 자아도취에 빠진 정치인에겐 복잡한 감정이 든다. 남을 끌어올려주는 법이 없는 자들 말이다. 이런 사람들이 같은 팀에 속해 있을 때 문제가 터지지 않는다면 우리는 일시적으로 참아준다. 하지만 실패하거나 상황이 악화되면 트레이드하고, 해고하며, 표를 던지지 않는다. 그런 상황에서 자기밖에 모르는 이기적인 인간을 왜 참아야 할까?

다만 남을 돕고 자신도 혜택을 보는 데 원대한 목표나 비전이 꼭 필요한 것은 아니다. 작은 나눔의 행동이 주는 이의 행복을 높이고 그 효과가 거의 즉각 나타난다는 과학적 증거가 많다. 2008년 하버드대 연구진은 한 집단에 5달러를, 다른 집단엔 20달러를 주고 이 돈을 소비하되 자신이 쓰든 남에게 쓰든 상관없다고 했다. 그날 밤, 돈을 자신이 갖지 않고 남에게 준 사람들이 훨씬 행복한 하루를 보냈다.

정말 흥미로운 부분은, 돈을 나눠준 이들은 모두 더 행복해졌지만 5달러를 준 사람과 20달러를 준 사람의 행복도에는 차이가 별로 없었다는 거다. 20달러를 줬다고 4배나 더 행복해진 게 아니었다. 즉, 나눈 금액이 아니라 나눔 그 자체가 중요했다. 나누는 행위 자체가 우릴 더 행복하게 하기 때문이다.

한번 생각해보라. 작은 친절로 누군가의 하루가, 나의 하루가 더 행복해진다. 부자가 아니어도, 현금을 마구 주지 않아도 할 수 있는 일이다.

나누는 방법

경험과 자원이 많은 내가 편히 앉아 "세상에 베풀고 남을 도우면 기분이 좋아진다"라고 떠들어대는 것 자체는 어렵지 않은 일이다. 나도 알고 있다. 젊고 가난하여 인생의 목표를 찾기 위해 분투하는 사람들에게 나눔의 혜택은 당장 와 닿지 않을 수 있다. 식구를 부양하고 생활을 유지하기 위해 밤낮으로 바쁜 사람들에게도 마찬가지다.

남을 도울 시간은커녕 그래야 한다는 생각조차 떠오르지 않는다. 매일 살아가기 위해 분주하게 지내다 보면 다른 생각을 할 여유조차 없을 것이다. 그런 상황에서는 자신의 시간을 어떻게 가장 의미 있게 사용할 수 있을지, 그리고 자신의 시간 투자가 진정으로 다른 사람에게 가치를 줄 수 있을지에 대해 고민해 볼 필요가 있다.

결국 이런 마음이 들 수 있다. "내가 뭐라고 남을 돕나? 나도 먹고살기 힘든데." "내가 뭘 할 수 있어? 특별한 재주도 없는데." "내게 나눌 게 뭐가 있나? 부자도 아니고 유명하지도 않은데."

무엇보다 알아야 할 것은, 남을 돕기 위해 삶을 통째로 바꿀 필요가 전혀 없다. 눈과 귀를 열고 주위에 집중하면 된다. 곤란에 처한 이, 짐이 많거나 어떤 감정으로 힘들어하는 이를 보면 도와주고 위로해주라. 오랜만에 걸려온 친구의 심야 전화를 받아주고, 최근 힘들어 보이던 지인의 연락에 응하자. 그들이 도움을 요청하든 그렇지 않든 말이다. 단 5분, 단 5미터라도 그들의 짐을 덜어주자.

남을 돕는 건 의식과 의지, 약간의 노력만 있으면 되는 단순한 일이다. 기회를 적극적으로 찾아 나설 것도 없다. 그저 주변 환경과 연결돼 있으면 매일 누군가를 도울 기회가 생긴다. 장담컨대 남을 도우면 당신의 기분도 더 좋아진다.

두 번째로 알아야 할 건 생각보다 당신이 나눌 수 있는 게 많다는 사실이다. 예컨대 시간이 있다. 하루 24시간을 꼼꼼히 들여다보면 남는 1시간이 일주일에 하루 이틀 정도는 있을 것이다. 할 줄 아는 외국어, 수학, 읽기 능력이 있는가? 집 근처 중학교의 방과 후 프로그램에서 일주일에 한 번씩 중학생들을 지도할 수 있다. 동네 도서관이나 아동병원에서 아이들에게 책을 읽어줄 수도 있다. 튼튼한 차나 승합차가 있다면 노인들에게 식사를 배달하거나 노인 주민들을 병원에 모셔다드리는 봉사를 할 수 있다. 손재주가 좋다면 스포츠 시즌 전에 동네 경기장 수리를 도울 수 있다.

기술에 대해 복잡하게 생각할 필요가 없다. 걷는 게 가능하고 큰 쓰레기봉투 한 상자를 살 여유가 있는가? 훌륭한 미국 작가 데이비드 세다리스는 매일 아침 영국 시골집 근처를 산책하며 길에서 쓰레기를 주웠다. 오랫동안 해온 터라 쓰레기차에는 그의 이름이 붙었고, 엘리자베스 여왕은 그를 버킹엄궁으로 초대해 함께 차를 마시기도 했다.

좋은 동네에 살아야만 길거리 쓰레기를 주울 동기가 생기는 건 아니다. 집도 필요 없다. LA 서부의 노숙자 토드 올린은 수년간 매일 몇 시간씩 그가 사는 웨스트체스터 거리를 청소하면서 유명해졌다. 쓰레기를 줍고 잡초를 뽑으며 낙서를 지우고 배수구와 하수구 뚜껑을 닦았다. 쇼핑카트 두 개와 플라스틱 쓰레기 집개로 시작한 일이었다.

매일 할 필요도 없다. 2020년 애리조나주 투손에 사는 16세 고등학생 릴리 메싱은 1년에 4차례 모이는 "100+ 투손을 사랑하는 10대들"이란 단체를 만들었다. 고등학생 회원들은 분기별로 25달러씩, 연간 1인당 100달러를 내서 도움이 필요한 지역단체를 찾아 직접 기부했다. 2020년부터 지금까지 아이들과 동물, 가정폭력 피해자, 노숙자 등을 돕는 단체에 25,000달러가 넘는 기부했다. 25달러씩 1년에 4번으로 엄청난 영향력을 발휘했다!

아직도 고민 중이라면 자신이 가진 것이나 아는 것보단 남이 나에게 해준 일을 떠올려보라. 비슷한 처지의 이들에게 그대로 해줌으로써 받은 것을 돌려줄 수 있다. 어릴 때 훌륭한 축구 코치에게 배웠다면 유소년 축구를 가르쳐라. 지역 봉사단체가 주는 장학금 덕에 대학에 갔다면 그 단체에 연락해 장학금을 내고 고3 학생들을 도울 방법을 찾아라. 나 역시 날 미국으로 데려와

준 조 웨이더의 은혜를 세상에 전하고자 하는 일이 있다. 원대하고 가치 있는 꿈을 가진 야심 찬 외국인들을 물색해 주지사 직인이 찍힌 내 편지지에 편지를 써서 비자와 영주권을 후원했다. 대단한 인맥이나 창의력 없이도, 조금만 생각하면 나눌 방법은 있다.

지난 장에서는 호기심을 갖고 스펀지처럼 지식을 흡수하며 좋은 질문을 던지는 게 세상의 가능성에 마음을 여는 도구라 했다. 세상의 문제와 해법을 찾는 데도 이것이 통한다. 당장 도움이 필요한 단 한 사람을 위한 작은 문제일 수도 있지만, 사회 전반의 거대하고 고질적인 문제일 수도 있다. 문제 해결을 돕는 일은 릴리 메싱처럼 세상과 나누는 대의가 되거나, 대니 에르난데스와 메리 셰누다처럼 인생의 소명이 될 수 있다.

물론 둘 다 가능하다. 나는 매일 수십만 명에게 건강과 피트니스 동기를 부여하는 뉴스레터를 보낸다. 여러모로 90년대 초 내가 대통령 직속 위원장으로 이끈 비만퇴치 운동의 연장이자 진화한 임무다. 헬스장에서 노인에게 풀다운 자세를 알려주거나 지붕 사업을 꿈꾸는 17세 아이에게 조언해주는 것에서도 기쁨을 느낀다.

수백 명을 도왔든, 현명한 조언으로 단 한 사람의 인생을 바꿨든 당신은 심오한 방식으로 세상과 나눴다고 할 수 있다. 세상을 바꿨으니까. 아직 뭘 돌려줄지 모르겠다면 매 순간 충실하되 작은 것에 주목하라. 작다고 여긴 것들은 커지기 마련이다. 확신하건대 언젠가 그 작은 것들이 성장하여, 당신이 더 큰 방식으로 세상에 기여할 준비가 되었다고 느낄 때가 올 것이다.

아이들은 보이스카우트 최고 계급인 이글 스카우트를 목표로 정진하며 이런 경험을 한다. 이글 스카우트 마지막 관문은 지역 사회에 큰 영향을 주는 봉사 프로젝트를 완수하는 것이다. 즉, 아이들은 지역 사회에 보답할 나만의 길을 찾아야 한다. 대부분 어떤 봉사 프로젝트에 도전할지 금방 생각해낸다. 수년간 눈과 귀를 열고 지역 사회에 참여해 도움이 필요한 이들에게 응답할 준비가 돼 있기 때문이다.

아이들은 종종 쇼핑카트나 유모차를 높은 연석에 올리는 것을 도와준 경험이 있다. 이런 경험은 지자체 허가를 받아 지역 전체에 장애인도 이용 가능한 연석 경사로를 설치하는 대규모 프로젝트로 발전할 수 있다.

또한, 집 근처 공원의 낡고 구멍 난 울타리 때문에 강아지들이 자주 도망치는 문제를 겪었을 수 있다. 이는 철물점에서 기부받은 재료로 스카우트들과 함께 울타리를 보수하고, 나아가 시의회에 도그 파크 지정을 요청하여 지속적인 관리 체계를 구축하는 프로젝트로 확장될 수 있다.

이글 스카우트 아이들의 봉사활동 사례는 무수히 많다. 이 이야기들이 주는 교훈은 명확하다. 우리의 시간과 재능, 자원을 타인에게 이롭게 사용할 방법은 무궁무진하다는 것이다. 경험상 한번 이러한 봉사를 시작하면, 그 보람과 의미로 인해 결코 멈출 수 없게 된다.

나눔은 중독이다

내가 조직적 차원에서 돌려주는 일을 처음 경험한 건 1970년대 말, 위스콘신주 북서부 대학교에서 스페셜 올림픽 파워리프팅 선수 훈련을 도와달라는 부탁을 받았을 때였다. 2~3일간 다양한 지적 장애를 지닌 10대 소년들과 함께하며 웨이트 트레이닝이 그들에게 안전한 운동이자 효과적인 치료 도구인지 살필 기회였다. 그 경험 자체가 내게 강렬했지만, 벤치프레스에 집중했던 첫날은 아직도 생생하다.

처음엔 아이들이 굉장히 조심스럽고 소극적이었다. 긴장을 풀어주려 근육을 보여주고 포즈를 취하며 이두박근을 만지거나 가슴을 찔러보라 했다. 나를 신뢰하고 열정이 커지는 모습에 기분이 좋아졌다. 아이들은 차례로 벤치에 누워 평생 처음 바벨을 드는 자세를 취했다. 힘들어하는 아이도 있었다. 바가 바로 위에 있고 중력의 무게가 느껴지니 겁이 났으리라. 그 감각이 낯설었을 거다. 나에겐 아이들과 소통하며 가르치는 일이 그랬다.

하지만 두려움을 극복하고 새것에 도전하는 아이들의 용기와 강인함을 보며 나 역시 불확실함에 굴복해 아이들을 실망시켜서는 안 된다고 생각했다. 그래서 그들이 보인 친절과 열정, 개방적 자세에 뒤처지지 않으려고 애썼다. 하루가 저물 때쯤 모두 여러 세트의 벤치 프레스를 해냈다. 가장 두려워하던 아이조차도 성공했다. 처음엔 비명까지 지르던 아이였는데, 내 옆에 세워 친구들의 횟수를 세게 해 마음을 안정시켰다.

그 아이를 영원히 잊지 못할 것이다. 친구들이 바벨을 드는 걸 숫자로 세게 하자 바에 대한 공포가 서서히 가셨다. 다른 이들의 벤치 프레스를 봐도 겁내지 않았다. 그래서 다시 도전해보겠냐고 물었더니 좋다고 했다. 친구들도 기대에 부풀었다. 아이는 머리 양쪽으로 세운 바벨 거치대 사이 벤치에 누웠다. 나는 곁에서 천천히 바를 그의 손에 건넸다.

"자, 10개만 해봐." 내 말에 아이는 너무나 쉽게 해냈다. 친구들의 환호성과 함께 아이의 얼굴에도 환한 미소가 퍼져서 바벨처럼 둥그레졌다. "무게를 올려도 될 것 같은데?" 내가 말했다.

10파운드(약 4.5킬로그램) 원판을 양쪽에 하나씩 추가했다. "세 번만 해보자." 친구들이 소년을 응원했다. 그는 심호흡하더니 이번에도 별로 힘들어하지 않고 들었다.

"와, 너 엄청 강하다. 머잖아 대회 나가겠는걸? 더 무거운 것도 가능할까?" 아이는 흥분해 고개를 끄덕였다. 10파운드 원판을 다시 추가하고 3회를 소화했다. 바벨을 대하던 공포에 질렸던 아이가 겨우 1시간 반 만에 홀로 85파운드(약 39킬로그램)를 세 번이나 들어 올렸다. 벤치에서 일어난 그에게 하이파이브를 하자 친구들이 달려들었다.

모두가 그의 성취를 축하하는 광경을 보면서 나 역시 거의 영적인 기쁨이 샘솟아 내 가슴을 채웠다. 억누를 수 없는 황홀함에 혼란스러웠다. 돈을 번 것도, 경력에 보탬이 된 것도 아니었다. 이런 활동이 내 삶의 비전에 아직 녹아들지 않았던 때였다. 사실 대단한 노력이나 희생을 들인 것도 아닌데 어찌 그리 기분이 좋은 걸까?

아이들을 도운 게 이유였다. 그저 자리하고 응원하며 격려하고 조금 가르쳐줬을 뿐인데 그 소년의 인생이 바뀐 것이다. 이제 그에겐 자기도 뭔가를 해낼 수 있다는 하나의 증거가 생겼다. 바벨을 들 수 있을 뿐 아니라 두려움마저 이길 만큼 충분히 강하다는 사실 말이다. 앞으로 평생 마주할 낯설고 불편하며 무서운 상황을 헤쳐나갈 교훈을 깨우치게 도와준 것이다. 그날 이후 그 아이는 결코 예전과 같지 않을 터였다. 친구들과 나 역시 그랬다.

늘 써온 측정 기준과는 다르지만 이 경험에는 값진 것이 많았다. 내 지식과 전문성으로 나보다 형편이 어려운 젊은이들이 더 잘하고 강해지며 확신과 자신감을 얻도록 돕는 데 일조한 것이다. 나는 나눴다. 다른 이유 없이, 그저 도움이 필요한 이가 도움을 청했다는 이유만으로.

이런 일을 더 하고 싶었다. 당신도 같은 심정이었을 것이다. 내 말을 의심한다면 과학적 사실을 보라. 지난 40년간 수많은 연구에서 심리학자와 신경과학자들은 기부나 자원봉사 같은 나눔이 섹스나 운동 시 뇌에서 분비되는 옥시토신과 엔도르핀을 생성한다는 사실을 발견했다. 나눔은 사랑과 연관된 신경 화학 물질인 바소프레신 분비와도 관련이 있었다. 남을 도운 일을 생각하거나 회상하는 것만으로도 같은 호르몬이 나온다.

과학자들은 이를 '헬퍼스 하이'helper's high라고 부른다. 나눔이 그토록 강력하단 뜻이다. 나눔은 중독성 강한 쾌감을 주는 천연 약물이다. 지금은 자세히 알려졌지만 그때 위스콘신에서 보낸 주말 이후 나는 몇 달간 마치 용을 쫓는 중독자마냥 옥시토신과 엔도르핀을 찾아 헤맸다.

대학교 연구진과 스페셜 올림픽 관계자들은 나와 함께한 작업의 결과로 웨이트리프팅이 다른 어떤 스포츠보다도 아이들의 자신감을 높인다는 사실을 발견했다. 그들은 스페셜 올림픽 게임의 파워리프팅 종목 개발 및 경기용 중량 선정에 도움을 줄 수 있는지 확인해왔다.

나는 곧장 그 기회를 잡았다. 우리는 벤치 프레스와 데드리프트로 시작하기로 했다. 가장 간단한 동작이어서 균형감각이나 협응력이 부족한 아이들에게 위험할 확률이 적은 데다 들 수 있는 무게가 제일 커서 아이들이 보거나 직접 하는 걸 가장 즐겨했기 때문이다. 프로그램 설계를 도운 뒤 전국 각지 아이들을 지도하고 공식 국제 트레이너로 합류했다. 2년 만에 파워리프팅은 미국 스페셜 올림픽 종목으로, 이어 국제 대회 필수 종목으로 자리 잡았다. 선수와 관중 모두에게 지금까지 가장 인기 높은 스포츠 중 하나다. 나는 여전히 모든 대회에서 남녀 강자들을 응원하는 게 즐겁다. 딸과 사위가 글로벌 홍보대사로 뛰어든 것도 무척 자랑스럽다.

훗날 부시 대통령이 내게 대통령 직속 체력·스포츠 위원회 위원장을 제안한 이유도 스페셜 올림픽에서의 활약 때문이었다. 당시 나는 그 어느 때보다 바쁘고 인기가 높았다. 연간 두 편씩 영화를 찍으며 편당 2천만 달러를 받고, 세계를 다니며 홍보 활동을 했다. 하지만 스페셜 올림픽 아이들을 격려하고 운동을 도와주면서 얻은 기쁨은 레드카펫을 걸었을 때보다도 컸고 거액의 출연료를 받을 때보다 값졌다. 그래서 전국의 가장 취약한 학생들을 포함해 더 많은 아이를 도와서 그 감정을 다시 느껴볼 기회가 생겼을 때 망설일 이유가 전혀 없었다. 제안을 곧바로 수락하고 위원장 재임 중 사비와 전세기로 출장을 다니며 50개 주를 순회하는 동안 일행의 식비와 숙박비 전액을 댔다.

스페셜 올림픽과 대통령 직속 위원회에서의 역할이 커지며 시간을 많이 할애했지만 계속해서 또 다른 기부 방안을 모색했다. 나눔에 푹 빠졌던 것이다. 1992년 데니 에르난데스를 처음 만난 것도 헬퍼스 하이 덕이 컸을 것이다. 그 이후 10년간 이너 시티 게임을 여러 도시로 확대하고 연중 방과 후 프로그램으로 발전시킨 것도 그래서였다.

　나눔의 매력에 완전히 빠지게 되면, 이런 일들이 당신에게 일어날 것이다. 약물 중독자처럼 계속, 더 크게 나누고 싶어진다. 더 많은 이를 더 자주, 더 많이 돕고 싶어진다. 내 경우 막대한 영화 출연료를 포기하고 주지사에 도전하는 한편, 주지사 임기 중 납세자 세금으로 지급되는 급여를 거부하고, 임기 후엔 '슈워제네거 연구소'와 '기후 이니셔티브'를 세워 정치 개혁과 환경오염 종식을 통해 수억, 수십억 명에게 혜택을 주는 걸 목표로 삼았다. 이런 것들이 매일 아침 눈뜨자마자 머릿속을 가득 채우고, 마음에는 강렬한 목적의식이 넘친다. 첫걸음을 내디뎌 엔도르핀이 온몸을 휘감으면 누구든 이 기분을 느낄 수 있다.

거울을 깨뜨려라

40여 년 전 위스콘신에서의 경험을 돌아보면, 우선순위의 변화와 함께 내 비전이 어떻게 발전했는지 흥미롭게 관찰할 수 있다. 처음엔 나 자신에게 100퍼센트 초점을 맞췄다. 나에게 비전이라곤 직업적 성공, 개인적 명성, 돈뿐이었다. 그 비전대로 모든 결정을 내렸고 남을 도우며 느끼는 행복도 그 비전과의 부합 여부에 달려 있었다. 하지만 세월이 흐르고 나눔이 내 삶의 큰 부분을 차지하게 되면서 초점은 더욱 분명해졌다. 도움을 줄 때 행복한 건 그게 나의 개인적 목표에 도움 돼서가 아니라 그 자체가 나의 목표였기 때문이다. 나눔은 더는 목적을 위한 수단이 아니었다. 그 자체로 목적이 된 것이다.

나눔이 내 삶의 초점으로 굳어진 것은 대통령 직속 위원회 위원장 임기 직후, 돌아가신 장인어른 사전트 슈라이버의 예일대 졸업식 축사를 들었을 때였다. 친구들이 '사지'라 부르던 그는 친절하고 총명하며 사려 깊은 분이었다. 그처럼 진심 어린 리더십을 가진 이는 만난 적이 없었다. 그는 사람들을 진정으로 위했고, 말뿐 아니라 돈과 시간도 아끼지 않았다.

사지는 평화봉사단Peace Corps, 헤드 스타트Head Start, 미국 자원 봉사단Volunteers in Service to America, VISTA, 직업 군단Job Corps, 업워드 바운드Upward Bound 등 수많은 자선 단체를 설립해 미국과 전 세계 소외 계층을 도왔다. 사지의 아내이자 내 장모인 유니스가 만든 스페셜 올림픽 이사회 의장이기도 했다. 유니스 역시 지적 장애인을 위해 많은 일을 했다. 슈라이버 가문은 성인이 된 후 평생을 인류에 봉사하며 살았다 해도 과언이 아니다.

사지는 예일대 졸업식 축사 당시 70대 후반이었다. 많은 것을 보고 겪은 나이였다. 그는 미래를 이끌 젊은이들에게 그들이 원하는 세상을 만들 힘이 그들에게 있음을 일깨워주고 싶어 했다. 하지만 한 마디의 조언도 잊지 않았다.

"거울을 깨세요!" 그가 말했다. "그래요, 거울을 깨세요. 지나치게 자기중심적인 이 사회에서 자신을 덜 보고 남을 더 보세요. 자기 얼굴보다 이웃의 얼굴을 더 자세히 들여다보세요. 서른, 마흔, 쉰, 심지어 일흔이 되면 돈 세는 것보다 친구 세는 게 더 큰 행복과 만족을 줍니다. 자신의 근육과 몸매, 차와 집, 신용등급을 만드는 것보다 동네와 도시, 주, 나라, 인류를 더 좋게 하는 일에서 더 큰 보람을 느낄 수 있습니다. 전사보다 평화 중재자가 되는 편이 더 얻을 게 많습니다. 거울을 깨세요."

사지는 거의 30년 전인 1994년에 그 연설을 했다. 그의 메시지는 앞으로 몇 세대가 지나도 여전히 울림을 줄 거라 믿는다. 나도 안다. 이런 조언을 들으면 엘리트 계층이 사치스러운 요트나 경호가 삼엄한 별장에서 빈둥거리며 망해가는 세상을 구하겠다고 말하는 것처럼 들릴 수도 있다.

"그렇게 살면 말하기는 쉽겠지." 이렇게 생각할지도 모른다.

사지의 메시지는 개인적인 야망에 어떤 가치나 행복이 없단 뜻은 아니다. 탄탄한 몸매가 세상에서 가장 중요하지는 않더라도 강건한 신체가 개인의 삶의 질을 높이고 장수에 필수적임을 인정한다. 온 가족이 살 만한 크고 편안한 집이 자부심을 준다는 것도 역시 알고 있었다.

그의 요점은 나눔이 개인의 야망을 균형 잡힌 관점에서 바라보게 해서 더 큰 만족의 원천이 된다는 사실이다. 덧붙이자면, 거울을 깨고 뒤돌아 이웃을 보살피고 도우면 더 큰 행복을 느낄 뿐더러 자신의 개인적 목표마저 더 큰 의미와 가치를 지니게 된다. 내 직접 경험에서 우러나오는 말이다.

너무 철학적으로 들릴지 모르겠다. 하지만 주지사 시절 화재 시즌에 이론을 넘어선 실제를 경험했다. 매년 6~10월 중에 적어도 한 번은 대규모 화재 현장으로 달려가 12~18시간 교대 근무 사이에 잠깐 쉬고 있는 소방관들을 만났다. 사람들의 집과 생명을 지키려 거대한 불길과 극심한 열기, 위험 속에서 사투를 벌이는 그들이었다. 계곡을 오르내리고 나무를 베며 방화선을 구축하느라 녹초가 된 이들이었다. 내가 안부를 물으면 그들은 영웅적인 행동과는 너무나 동떨어진 수줍은 반응을 보였다. 가장 인상 깊었던 건 당장 자기 집이 불타 없어질 판국에도 화마와 싸우던 이들을 몇 번이나 봤다는 점이다. 가족의 보금자리이자 전 재산이 금방이라도 불타버릴지 모르는데도 이들은 돌아가 자기 집을 지킬지, 최전방에 나가 이웃을 도울지 사이에서 단 1초도 망설이지 않았다.

이들은 거울을 깨뜨린 것을 넘어 애초에 거울이 없는 사람들이다. 언제나 타인을 보살피며 살아온 이들이다. 조용히 베풀고 도와온 이들이다. 그들의 초점은 오로지 '우리'에 맞춰져 있었다. 줄곧 그들을 이타심과 희생의 롤모델로 존경해왔다. 우리 모두 마땅히 그래야 한다. 누구나 그런 경지의 이타심에 이를 순 없겠지만, 최소한 노력은 해볼 수 있다.

오늘날 내 인생은 대부분 '우리'에 초점이 맞춰져 있다. '나'에 집중하는 때는 내가 중요하게 여기는 '우리'를 위한 일을 계속 뒷받침할 돈을 벌기 위해서다. 이를테면 2020년 3월, 최전선 지원 펀드에 즉시 100만 달러를 보낼 수 있었던 것은 개인적인 야망을 좇아 꾸준히 노력해온 덕분이었다. 나눔을 실천하고 이웃을 돕는 데 진심을 담지 않는 정치인들이 망쳐놓은 시급하고 거대한 문제를 해결하려면 언제나 돈이 필요하기 때문이다.

내가 이 얘기를 꺼내는 이유는 나를 따라 하라는 것이 아니다. 소방관이나 특공대원, 초등대응팀처럼 하라는 것도 아니고, 로빈 후드나 마더 테레사가 되거나 개인적 야망이나 소유를 포기하라는 뜻도 아니다. 그저 자기만 비추던 거울을 깨뜨리고 남을 위해 자신이 할 수 있는 일을 하라는 것이다. 이웃과 나누고 세상에서 받은 것을 돌려주며 '가장 쓸모 있는 자신'을 찾으라는 것이다. 그 이유는 다른 이들이 나눔을 선택하는 이유와 같다.

우리가 여기 있는 건 수많은 이들의 수고 덕분이기에.

선대가 우리를 위해 해준 것처럼 우리도 후대를 위해 해야 하므로. 세상을 더 나은 곳으로 만들기 위해서.

나눔이 우리도 모르는 방식으로 우리를 더 행복하게 하기에.

이 정도로 인생을 오래 살아 보니, 그 누구 못지않게 열심히 노력하면서 다들 무모하다고 말한 꿈을 현실로 이뤄보니, 세상 사람이 모두 이어져 있다는 것을 느낀다. 우리는 모두 인생이라는 한배를 탄 동반자다. 인생은 제로섬 게임이 아니며 승자가 여럿 나올 수 있다. 나눔이라는 인생의 법칙을 잘 지키면, 승자의 수는 무한할 수 있다. 나눔이 삶의 일부가 되고, 우리가 거울을 깨고 주위를 둘러보며 도움이 필요한 이를 알아챈다면, 모두에게 이롭다.

나이가 많든 적든, 그간 이룬 것이나 앞으로 할 일이 얼마나 많든 상관없다. 어떤 처지든 많이 나눌수록 많이 얻는다. 자신을 돕고 싶은가? 그렇다면 남을 도우라. 남을 돕는 것에서부터 시작해야만 가족과 친구, 지역 사회, 국가 그리고 세계를 위해 내 쓸모를 극대화할 수 있다.

✦

나를 있게 한 사람들

마르쿠스 아우렐리우스의 『명상록』을 읽다 보니, 기본적으로 2천 년 전에 쓴 일기인 이 책의 1권이 그가 살며 도움이나 값진 가르침을 준 이들의 명단이란 사실에 놀랐다. 홀로 그 자리에 오른 게 아님을 되새기는 강력한 방식이었다.

이 책을 쓰며 여러 일화의 주역들에 대한 기억이 홍수처럼 밀려왔다. 흔한 감사의 말 대신 아우렐리우스가 책을 연 방식으로 이 책을 끝맺는 편이 더 유익할 듯싶었다.

모두 읽고 나면 자신만의 명단을 만들어보길 바란다. 겸손해질 것이다. 조언이나 도움, 영감이 필요할 때 그 명단을 다시 읽어보면 도움이 될 것이다.

아버지에게서 절제와 쓸모 있는 삶의 중요성을 배웠다.

어머니에게서 사랑과 희생을 배웠다.

카를 게르스틀과 커트 마눌은 나에게 웨이트 트레이닝을, 해럴드 마우러는 보디빌딩을 가르쳐줬다.

스티브 리브스와 레그 파크는 보디빌더가 배우가 되는 길을 닦아 청사진을 그려줬다.

클린트 이스트우드는 처음엔 내 우상이었다가 나중엔 가까운 친구가 되었다.

프레디 게르스틀은 내 마음을 열어주고 타고난 호기심을 좋은 질문으로 연마하게 해줬다.

프랑코 콜럼부는 50년 넘게 속내를 다 털어놓을 만한 단짝이자 믿음직한 조력자였다. 그는 단순한 훈련 파트너를 넘어서, 데이브 드레이퍼나 에드 코니와 함께 나를 더 강하게, 더 멀리, 더 크게 성장시키는 원동력이 되어 주었다.

앨버트 부섹은 처음으로 내 잠재력을 알아본 보디빌딩 잡지 기자였다. 그는 보디빌딩이 '슈워제네거 시대'로 접어들었다고 선언했고, 내가 세상에 널리 알려지게 된 초창기의 상징적인 사진들도 찍어주었다.

조 웨이더는 사비를 들여 나를 미국으로 초청했고, 내가 처음 도착했을 때 안정적으로 자리 잡도록 도왔다. 그는 탁월한 세일즈맨이자 브랜딩 전문가로서 많은 것을 가르쳐주었다.

프랭크 제인과 세르지오 올리바는 내가 한 단계 도약할 수 있도록 자극을 주었다. 우리는 경쟁 관계였지만, 그들은 내 친구가 되어 훈련 팁까지 공유했다.

올가 아사드는 부동산에 투자하는 방법을 전수해주었다.

실베스터 스탤론은 배우로 전향한 나에게 자신의 재능으로 영감을 주었고, 할리우드에서 성공하려는 의지를 불태우는 데 꼭 필요한 라이벌이 되어주었다. 이후에는 고민이 있을 때면 언제든 연락할 수 있는 소중한 친구가 되었다.

존 밀리어스, 제임스 카메론, 이반 라이트만은 나를 믿고 기회를 주었다. 그들 덕분에 주류 영화와 주연급 배우에 도전해 성공할 수 있었다.

사전트와 유니스 슈라이버 부부는 나눔의 롤모델이었다.

조지 H. W. 부시 대통령은 공공 서비스를 통한 사회적 기여의 중요성을 일깨워주었고, 그 길에 대한 귀중한 조언을 아끼지 않았다.

넬슨 만델라 덕분에 용서의 힘은 물론, 충격적인 인종차별과 편견이 무엇인지 완전히 이해하게 되었다.

무하마드 알리는 진정한 불굴의 정신이 무엇인지 보여주었고, 신념을 끝까지 지키는 법을 일깨워주었다.

미하일 고르바초프는 지정학적 시스템의 원리를 깨닫고, 다수를 위해 옳은 일을 하는 것이 왜 어려운지 알게 해주었다.

오랜 벗이자 스승인 짐 로리머는 책 한 권으로도 다 담기 어려울 만큼 많은 것을 가르쳐주었다. 특히 아놀드 스포츠 페스티벌을 지지해준 일은 영원히 잊지 못할 것이다. 내가 주지사 출마를 고민할 때, 준비됐으니 도전하라고 주저 없이 말해준 유일한 사람이기도 했다. 그 덕에 자신감을 얻었다.

애프터스쿨 올스타즈와 스페셜 올림픽 선수들을 지켜보고 함께하면서, 처음에는 뜻대로 되지 않을지라도 노력을 그만두거나 포기하거나 감사하지 못할 이유는 없다는 것을 배웠다.

나는 운 좋게도 인생에서 멋진 여인들의 사랑을 받았다. 마리아는 수십 년간 모든 결정의 든든한 조력자였고, 언제나 우리 아이들의 훌륭한 어머니였다. 헤더는 지난 10년간 기쁠 때나 힘들 때나 함께 해준 내 반려자이자 친구다. 그녀 덕분에 매년 우리 집에 동물이 늘어나고 있다.

내 아이들은 필요할 때마다 나에게 겸손함을 일깨워주었다. 그리고 내가 떠나고 난 후에도 세상이 더 나은 곳이 되도록 최선을 다해야 하는 이유를 제공해주었다. 캘리포니아의 유권자들 또한 마찬가지다.

마지막으로, 오랜 세월 변함없이 곁을 지켜준 팀원들이 있다. 내가 인생의 여러 단계를 거치는 동안 중심에서 함께해준 이들이다. 최근 이 책이나 넷플릭스 드라마 같은 프로젝트를 위해 합류한 이들도 포함된다. 그들 덕분에 정신을 바짝 차리고 더 빛나고 똑똑해질 수 있었다. 무엇보다 힘든 상황에서도 함께 웃을 수 있었다.

오스트리아의 작은 마을 소년에서 지금에 이르기까지, 내 꿈을 이루고 원하는 삶을 살 수 있게 도와준 이들을 모두 열거하자면 끝이 없겠지만, 이 정도면 나의 진심이 전해졌길 믿는다.

옮긴이 정지현

스무 살 때 남동생의 부탁으로 두툼한 신디사이저 사용설명서를 번역해준 것을 계기로 번역의 매력과 재미에 빠졌다. 대학 졸업 후 출판번역 에이전시 베네트랜스 전속 번역가로 활동 중이며 현재 미국에 거주하면서 책을 번역한다.

옮긴 책으로는 『아주 작은 대화의 기술』, 『진짜 좋아하는 일만 하고 사는 법』, 『하루 한 줄 마음챙김 일기 Q&A 365 DIARY』, 『우리는 모두 죽는다는 것을 기억하라』, 『사람은 생각하는 대로 된다』, 『타이탄의 도구들』, 『5년 후 나에게』, 『그레이트 마인드셋』 등이 있다.

나는 포기를 모른다

1판 1쇄 발행 2024년 8월 23일
1판 2쇄 발행 2024년 9월 19일

지은이 아놀드 슈워제네거
옮긴이 정지현
발행인 박명곤 **CEO** 박지성 **CFO** 김영은
기획편집1팀 채대광, 김준원, 이승미, 김윤아, 이상지
기획편집2팀 박일귀, 이은빈, 강민형, 이지은, 박고은
디자인팀 구경표, 유채민, 임지선
마케팅팀 임우열, 김은지, 전상미, 이호, 최고은

펴낸곳 (주)현대지성
출판등록 제406-2014-000124호
전화 070-7791-2136 **팩스** 0303-3444-2136
주소 서울시 강서구 마곡중앙6로 40, 장흥빌딩 10층
홈페이지 www.hdjisung.com **이메일** support@hdjisung.com
제작처 영신사

© 현대지성 2024

"Curious and Creative people make Inspiring Contents"
현대지성은 여러분의 의견 하나하나를 소중히 받고 있습니다.
원고 투고, 오탈자 제보, 제휴 제안은 support@hdjisung.com으로 보내 주세요.

현대지성 홈페이지

이 책을 만든 사람들
편집 채대광 **디자인** 구혜민

ARNOLD SCHWARZENEGGER